KurzModeration

Windmühle
GmbH
Verlag und Vertrieb von Medien

KurzModeration

Karin Klebert · Einhard Schrader · Walter G. Straub

unter Mitarbeit von Oliver Schrader und Heide Straub

Anwendung der ModerationsMethode in Betrieb,
Schule und Hochschule, Kirche und Politik,
Sozialbereich und Familie
bei Besprechungen und Präsentationen

Mit 20 Beispielabläufen

Windmühle GmbH
Verlag und Vertrieb
von Medien

CIP-Kurztitelaufnahme der Deutschen Bibliothek

KurzModeration:
Anwendung der ModerationsMethode in Betrieb, Schule
und Hochschule, Kirche und Politik, Sozialbereich
und Familie bei Besprechungen und Präsentationen/
Karin Klebert; Einhard Schrader; Walter G. Straub. -
Hamburg: Windmühle, Verlag und Vertrieb von Medien,
2. Auflage 1987

ISBN 3-922789-23-4

NE: Schrader, Einhard:; Straub, Walter G.:

Inhaltsverzeichnis

Beiblick 129

1. Einleitung

Erfindung der
ModerationsMethode

Vor rund 15 Jahren fing es mit der Moderations-Methode an, in einer Zeit, in der Studentenunruhen und Protestbewegungen die Gesellschaft aus ihrem Dornröschenschlaf gerissen hatten. In vielen Bereichen, in Hochschulen und Betrieben, in Kirchen und Kommunen wurden die Verhältnisse nicht mehr so hingenommen, wie sie waren. Überall wurden Forderungen nach mehr Beteiligung an Entscheidungsprozessen, nach mehr Orientierung an den Wünschen und Bedürfnissen der Betroffenen hörbar.

Die Lautstärke der Forderungen konnte aber nicht darüber hinwegtäuschen, daß es kaum Methoden gab, um die Vorstellungen von mehr Beteiligung zu erfüllen. Ob in Teach-Ins und Betriebsversammlungen, ob in Diskussionszirkeln oder Ausschüssen - allenthalben wurde erkennbar, daß es an Formen fehlte, in die ein neues Bewußtsein gegossen werden konnte.

Warum die alten Methoden nicht mehr funktionierten, war einfach zu verstehen, aber schwer zu ändern. Die gewohnten Gesprächsstrukturen gingen immer davon aus, daß es einen Leiter (Lehrer, Diskussionsleiter usw.) geben mußte, der alles besser wußte als die anderen und deshalb sagte, wo es lang ging. Genau das aber widersprach den Wünschen nach Beteiligung und individueller Mitsprache.

Aber diese Erfahrungen beschränkten sich nicht auf die mehr oder weniger politischen Bewegungen. Die sechziger Jahre hatten ein neues Verständnis von der Planbarkeit sozialer Prozesse gebracht. Planungsstäbe und Unternehmensberatungen schossen aus dem Boden, machten umfangreiche Untersuchungen und fertigten dickleibige Gutachten an, die in den Schreibtischschubladen der Auftraggeber verschwanden - und alles blieb beim alten. "Beim alten" doch nicht ganz, denn unter den Betroffenen machten sich Unruhe und Ärger breit: Hatte man dafür so viel Zeit und Mühe für Analysen und Untersuchungen aufgewendet, Hoffnungen geweckt und Engagement erzeugt, daß nun nichts passierte?

Es war nicht immer böser Wille oder Angst vor

Veränderungen, daß nichts passierte. Vielmehr
fehlte es auch an Methoden, Bedürfnisse und Wünsche
adäquat zu erfassen und Betroffene an Umsetzungsprozessen
zu beteiligen.

Das "Quickborner Team" war damals eine der Unternehmensberatungen,
die solche Erfahrungen gemacht
hatten. Einer seiner Gründer, Eberhard Schnelle
(heute Metaplan), kam deshalb auf den Gedanken,
Entscheider auf ihre neuen Aufgaben vorzubereiten.
Es entstand das "Entscheidertraining", Vorstufe
der ModerationsMethode. Im Entscheidertraining
wurden die Entscheider einerseits (meist die Hierarchen)
mit Betroffenen andererseits zusammengebracht
und in die Lage versetzt, gemeinsam kreative
Lösungen zu finden.

Zu diesem Zeitpunkt trafen wir auf Eberhard
Schnelle und verbanden seine Erfahrungen in Wirtschaft
und Verwaltungen mit unseren Erfahrungen in
Hochschule und Politik. Es folgten einige Jahre
intensiver Kreativität, in der mit Methoden experimentiert
wurde, in der wir Erfahrungen (gute und
schlechte) machten und in der sich langsam das
herauskristallisierte, was wir heute "Moderations-
Methode" nennen: eine Mischung aus Planungs- und
Visualisierungstechniken, aus Gruppendynamik und
Gesprächsführung, aus Sozialpsychologie, Soziologie,
Betriebs- und Organisationslehre mit einem
Verständnis von sozialen und psychischen Prozessen,
die sich an Erkenntnisse und Erfahrungen der
Humanistischen Psychologie anlehnen.

Mehr und mehr rückten in der Folgezeit die Techniken
in den Hintergrund, wurde die Haltung des
Moderators zu den Menschen und zu den Problemen
der Angelpunkt der ModerationsMethode. Im Gegensatz
zum Lehrer, Trainer oder Vorgesetzten hat der
Moderator gewissermaßen eine Hebammenfunktion: Er
hilft der Gruppe, sich selbst zu verstehen, ihre
Ziele und Wünsche zu formulieren, Lösungen zu
erarbeiten und die Umsetzung sicherzustellen. Die
Moderationstechniken sind sein Handwerkszeug, während
der Moderationsprozeß eher etwas mit künstlerischer
Gestaltung zu tun hat: er verlangt Intuition
und Einfühlungsvermögen. Das Handwerkszeug
dient ihm dazu, die Gruppe in die Lage zu versetzen,
sich ihren roten Faden selbst zu spinnen.

Weitergabe der ModerationMethode

1973 war der Prozeß des Erfindens und Experimentierens so weit gediehen, daß die ersten Moderatoren-Trainings stattfinden konnten. Das heißt, es war einerseits ein Interesse entstanden, diese Methode zu lernen, andererseits hatten wir uns über uns, unsere Methoden und unsere Absichten so weit Klarheit verschafft, daß wir unsere Erfahrungen an andere weitergeben konnten. Etwa zur gleichen Zeit zerfiel die Erfindergruppe und löste sich in mehrere selbständige Gruppierungen auf. Wir, die wir dieses Buch verfaßt haben, arbeiten in und mit ComTeam in Gmund am Tegernsee. Hier haben wir die ModerationsMethode weiterentwickelt und wenden sie an, führen Moderatoren-Trainings und andere Veranstaltungen auf dem Gebiet der Kommunikation und der Selbsterfahrung durch.

1980 erschien die erste (vorläufige) Gesamtdarstellung der ModerationsMethode. (Karin Klebert, Einhard Schrader, Walter Straub , ModerationsMethode, Gestaltung der Meinungs- und Willensbildung in Gruppen, die miteinander lernen und leben, arbeiten und spielen, München, 1980). Zielgruppe dieses Buchs waren Personen, die die Moderations-Methode in Trainings gelernt hatten und sie nun in der Praxis anwenden wollten. Es enthält eine Zusammenstellung aller Einzelmethoden aber auch eine Darstellung des Ablaufs eines gesamten Moderationsprozesses. Darunter verstehen wir eine mehrtägige Veranstaltung, in der ein Bogen gespannt wird vom Zusammenführen der Gruppe über die gemeinsame Problemverständigung, die Problembearbeitung bis hin zur Erstellung eines Handlungskonzepts. Einen solchen gesamten Prozeß zu konzipieren und durchzuführen, bedarf nach unserer Erfahrung eines gründlichen Ausbildungsprozesses und vieler Übung in der Praxis. Er läßt sich kaum ausschließlich aus einem Buch erlernen.

KurzModeration

In letzter Zeit wuchs nun das Interesse an der ModerationsMethode auch bei solchen Personen, die nicht die Möglichkeit haben, an einem Moderatoren-Training teilzunehmen und die auch nicht die Absicht haben, die ModerationsMethode im gesamten Umfang einzusetzen. Es hat sich nämlich inzwischen herausgestellt, daß die ModerationsMethode gut geeignet ist, einzelne Phasen in Besprechungen und in Lernveranstaltungen besser zu gestalten. Wir sprechen in diesem Fall von "KurzModeration" und meinen damit, daß die ModerationsMethode in her-

Situationsfotos: Einsatz der ModerationsMethode in einem Seminar

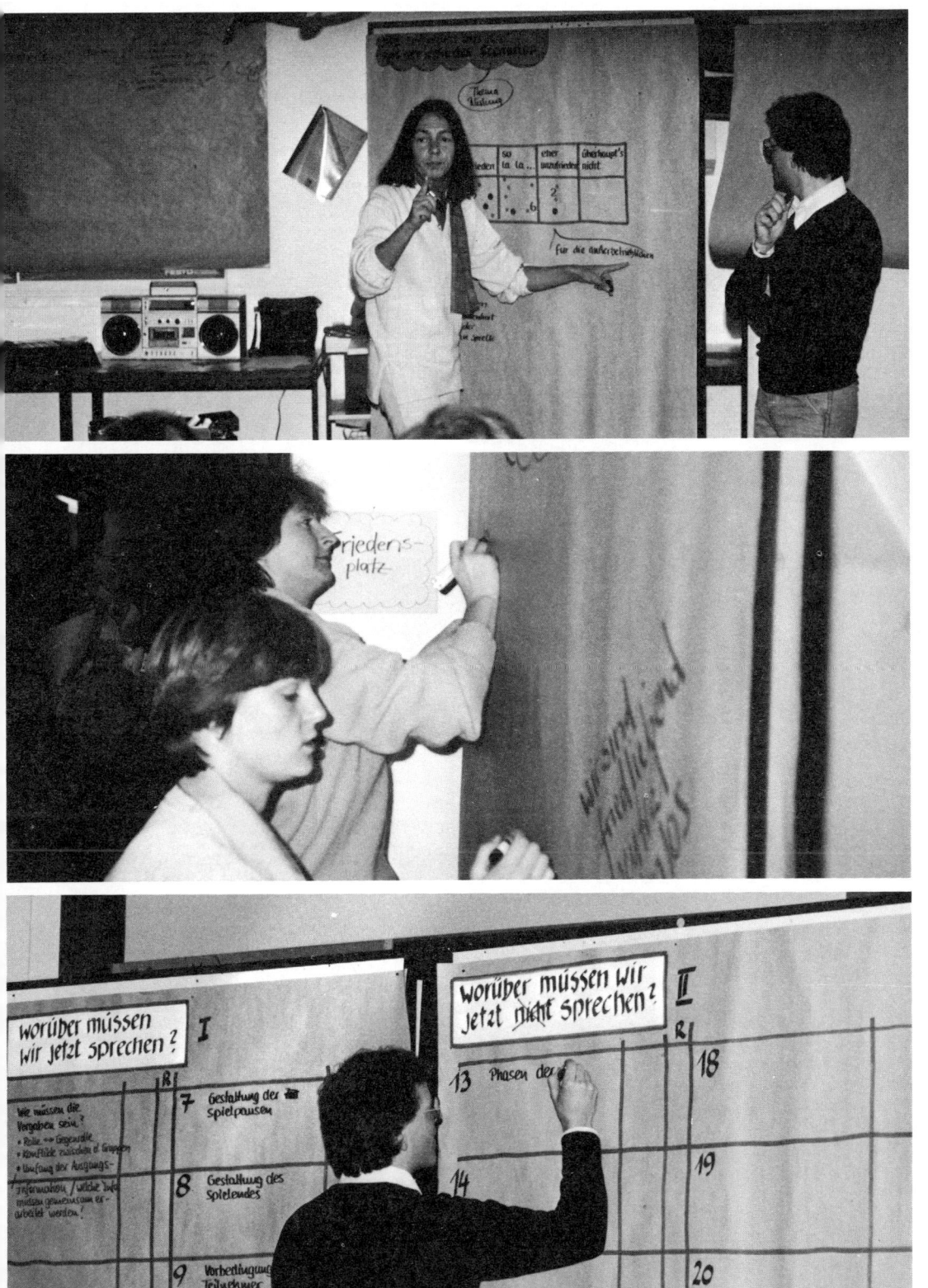

Situationsfotos: Einsatz der ModerationsMethode in einem Seminar

kömmliche Veranstaltungsformen eingefügt wird, um
diese effektiver oder abwechslungsreicher zu gestalten.

Für diesen Anwendungsbereich lohnt sich in der
Regel keine drei- bis vierstufige Moderatoren-Aus-
bildung, sie ist auch bei dem sporadischen Einsatz
der ModerationsMethode nicht zwingend erforder-
lich. Gleichwohl reicht es nicht, die Moderations-
Methode irgendwo einmal erlebt zu haben, um sie
dann selbst einzusetzen.

An diese Zielgruppe wendet sich das vorliegende
Buch. Wir beginnen mit einem Vergleich zwischen
einer nichtmoderierten und einer moderierten Besprechung. Wir denken, daß vor allem für diejenigen, die die ModerationsMethode noch nicht kennen,
so am ehesten verständlich wird, was Moderation
eigentlich ist. Das dritte Kapitel besteht aus 18
Beispielabläufen in verschiedenen Bereichen, zu
verschiedenen Themen und mit verschiedenen Absichten. Wer die Abläufe miteinander vergleicht, wird
schnell feststellen, daß sie immer nach einem
ähnlichen Grundmuster ablaufen. Wir haben uns aber
bemüht zu zeigen,

*   welche Besonderheiten in den verschiedenen
    Anwendungssituationen auftreten können;
*   wie KurzModerationen von unterschiedlicher
    Länge (von 45 Minuten bis zu 4 Stunden) ab-
    laufen können;
*   welche methodischen Alternativen es - unab-
    hängig vom Anwendungsfeld - gibt.

Unsere Intention bei diesen Abläufen ist nicht,
daß sie sklavisch angewendet werden. Vielmehr
möchten wir konkretes Anschauungsmaterial aus
unserer eigenen Erfahrung bieten, das anregen
soll, sich seinen eigenen Ablauf zusammenzustel-
len.

Im vierten Kapitel erläutern wir dann die Methoden
im einzelnen. Wir haben uns bemüht, sie so darzustellen, daß sie durch Lesen verständlich und
anwendbar sind.

Im Kapitel 5 haben wir unser Moderationskauder-
welsch, das wir auch in diesem Buch benutzen, in
einem Glossar zusammengefaßt, um das Lesen und
Arbeiten in diesem Buch zu erleichtern. Schließ-

lich geben wir Ihnen am Ende noch ein paar Literaturhinweise zu Büchern, die uns beeinflußt haben und/oder die Ihnen weiterhelfen können.

Und nun wünschen wir Ihnen, daß Sie am Lesen und noch mehr an der Anwendung ebenso viel Freude haben wie wir, wenn wir mit der ModerationsMethode arbeiten und noch heute immer wieder staunen, wie dankbar unserer Teilnehmer sind, daß wir ihnen helfen, sich selbst zu helfen.

Karin Klebert
Einhard Schrader
Walter G.Straub

2. Was ist Moderation

2.1 Besprechung, wie gehabt - oder der alltägliche Frust der Diskussion.

Sichtlich abgehetzt betritt Herr Maier, Leiter der Hauptabteilung Marketing der Firma Meistermann, den Besprechungsraum 4b. Um einen Konferenztisch herum sitzen die Abteilungs- und Gruppenleiter, vierzehn an der Zahl, und warten auf den Beginn der monatlichen Abteilungsbesprechung. Während Herr Maier sich an einem Flipchart vorbeizwängt und den freien Sessel an der Stirnseite des Tisches einnimmt, erstirbt das Gemurmel. Alle schauen erwartungsvoll auf den Vorsitzenden, der sich gerade eingehend mit dem Inhalt seiner umfangreichen Aktentasche beschäftigt, die offenbar gerade das Schriftstück, das er benötigt, nicht enthält.

Noch über seinen Aktenkoffer gebeugt, beginnt Herr Maier: "Ja, meine Herren, also dann wollen wir mal anfangen. Wo habe ich denn gleich die Tagesordnung. Also, die hat mir Frau Frei mal wieder nicht eingepackt! Herr Sauermann," (Assistent von Herrn Maier, 'griffbereit' zur Linken postiert) "haben Sie ein Exemplar? Danke! Also, worum geht es denn heute? Ach ja, wir sollten uns mal eingehend mit der Einführung des Doppelcolor-Lippenstifts beschäftigen. Da muß ja noch allerhand passieren, wenn wir unsere Termine halten wollen. Sie wissen ja, meine Herren, daß wir da sehr im Druck sind. Kosma hat durchblicken lassen, daß sie an einem Tricolor-Stift arbeiten. Haben Sie das Interview mit Papenhuber im 'Marketing-Mix' gelesen, Herr Schmidt?" (der u.a. für die Dokumentation verantwortlich ist).

"Welche Ausgabe meinen Sie?" - "Na, das ist ungefähr drei Wochen her. Übrigens, Herr Schmidt, wir müssen unbedingt mal über die Auswertung der Zeitschriften sprechen. Damit bin ich noch gar nicht zufrieden!"

"Also, dazu muß ich sagen, daß ich immer noch Schwierigkeiten mit dem Einkauf habe, die richti-

— schlechter Anfang —

— schlechte Vorbereitung
— Unterlagen fehlen

gehört nicht zum Thema

15

gen Zeitschriften zu bekommen. Was ich nicht habe, kann ich auch nicht auswerten!"

"Na gut, darum sollten Sie sich kümmern!"

"Außerdem", Herr Schmidt ist offenbar noch nicht fertig, "ich habe immer noch nicht die Interessenschwerpunkte der anderen Abteilungen. Ich weiß gar nicht, wen was interessiert."

verschieben!

"Ja, meine Herren, darüber haben wir doch schon mehrfach gesprochen. Sie wollten doch schließlich die Auswertungen. Dann müssen Sie schon..." Stimmen vom unteren Ende des Tisches: "Beschäftigungstherapie", "Wer soll denn das alles lesen?", "Wann soll ich denn das noch machen?"

→ sonst muß später auf den Tisch

"Also, meine Herren," Herrn Maiers Stimme wird eine Spur schärfer und lauter, "bitte klären Sie das mit Herrn Schmidt." Das Gemurmel verstummt wieder.

"Also, wo waren wir stehen geblieben? Ach ja, der Doppelcolor. Herr Sauermann, vielleicht können Sie mal einen kurzen Überblick über den Stand der Dinge geben. Bitte."

"Könnte ich dazu die Unterlage haben, die ich Ihnen gestern hereingegeben habe? Sie wollten sie heute mitbringen."

"Ach, wie ärgerlich, die liegt jetzt auf dem Schreibtisch bei den anderen Sachen. Daß aber auch Frau Frei an nichts denkt! Vielleicht rufen Sie mal eben Frau Frei an, daß sie sie herunter bringt."

"Frau Frei ist, soweit ich weiß, zum Arzt gegangen."

"Na ja, Sie werden das ja in großen Zügen im Kopf haben, und auf die Details kommt es ja jetzt nicht so genau an. Also, wie steht's denn jetzt?"

verschieben! Schlecht vorbereitet, mangelnder Überblick

"Bevor wir anfangen, hätte ich noch einen eiligen Punkt." Herr Gerber ist Leiter der Werbeabteilung. Er rutscht schon eine Weile auf seinem Sessel hin und her. "Wir müssen noch unbedingt die Farben für das Cover festlegen. Heute nachmittag kommt die Werbeagentur, und wenn wir die Termine halten

16

wollen, muß ich denen heute die Farbnuancen sagen
können."

"Wieso", fragt Herr Sauermann irritiert, "soweit
sind wir doch noch gar nicht mit dem Doppelcolor."

"Ich meine ja auch nicht den Doppelcolor, sondern
die Kampagne für den Nagellack-Spray."

"Aber das ist doch heute gar nicht das Thema."

"Ja, da kann ich doch nichts dafür. Jedenfalls ist
das viel dringender als die Doppelcolor-Kampagne."

"Ja, Herr Gerber," Herr Maier übernimmt wieder die
Führung, "hätten Sie damit nicht ein bißchen früher kommen können?"

"An mir hat's nicht gelegen. Meine Vorlage für die
Verpackungsstärke lag 14 Tage beim Vorstand. Ich
habe erst gestern abend die Entscheidung bekommen."

"Na gut, Herr Pieper war ja die letzte Woche in
Miami und ist erst am Wochenende wiedergekommen.
Da ging's halt nicht schneller. Also, was machen
wir denn da nun? Am besten setzen Sie sich nach
der Sitzung mit den betroffenen Herren zusammen
und einigen sich. Da stecken ja wohl keine großen
Probleme mehr drin."

Herr Gerber lehnt sich in seinen Sessel zurück.
Für ihn ist die Sitzung gelaufen. Offenbar formuliert er schon in Gedanken die Aktennotiz, mit der
er die Terminverzögerung begründet.

"So, also jetzt der Doppelcolor, wie steht es nun
damit, Herr Sauermann?"

"Nach den Marktanalysen, die uns das MaFo-Institut
geliefert hat, sollten wir uns in der Einführung
zunächst auf den Fachhandel beschränken. Als Test-
markt käme der süddeutsche Raum, und zwar hier
besonders die Städte über 500.000 Einwohner in
Frage."

"Wenn ich hier mal unterbrechen darf", wirft Herr
Walter, Leiter der Marktbeobachtung ein. "Ich habe
immer wieder vor den Analysen des MaFo-Instituts
gewarnt. Der methodische Ansatz ist durchaus um-

17

stritten, insbesondere wenn man bedenkt, daß die
Auswahl ..."

"Herr Walter, wenn ich Sie mal unterbrechen darf",
Herr Maier eilt seinem Adlatus, der ein bißchen
hilflos in seinen Papieren gesucht hat, zur Hilfe.
"Wir kennen Ihre Meinung dazu ja. Außerdem wissen
Sie doch, daß Herr Pieper die Arbeit von MaFo
besonders schätzt. Also lassen wir das doch besser."

"Wie Sie meinen!" Jetzt lehnt sich auch Herr Walter in seinen Sessel zurück, um sich für den Rest
der Sitzung in Schweigen zu hüllen.

Herr Sauermann macht einen neuen Anlauf. Da ihm
seine Unterlage fehlt, blättert er nervös in Papieren, die mit dem Thema nichts zu tun haben.
Während seines - verständlicherweise weder flüssi-
gen noch präzisen - Vortrags lehnt sich ein Teilnehmer nach dem anderen zurück. Manche spielen mit
dem Bleistift, andere vertiefen sich in Papiere,
die vor ihnen liegen, besonders Glückliche, die
einen Ausblick ins Freie haben, genießen den Blick
auf die sonnendurchfluteten Kastanien vor dem
Haus.

"Ja, vielen Dank, Herr Sauermann," übernimmt nun
Herr Maier wieder, nachdem Herr Sauermann geendet
hat. "Sie sehen, meine Herren, daß da noch eine
Menge Arbeit auf uns zukommt. Im großen und ganzen
wissen Sie ja, was zu tun ist. Ich möchte Sie aber
nochmals besonders darauf aufmerksam machen, was
für unser Unternehmen davon abhängt, daß der Dop-
pel-Color zu einem Erfolg wird. Wir haben das in
allererster Linie in der Hand, und ich möchte
nicht, daß es später heißt, es habe an Marketing
gelegen, wenn der Doppelcolor nicht so einschlägt,
wie wir es erwarten. So, das wär's ja dann wohl
für heute, oder war noch was? ... Na gut. Ach ja,
wegen des Themas für die nächste Sitzung wenden
Sie sich doch bitte an Herrn Sauermann. Der wird
das wieder koordinieren. Ich danke Ihnen für Ihre
Mitarbeit."

-.-

So oder ähnlich laufen täglich tausende von Besprechungen in Industrie und Handel, in Verwaltung

und Politik, in Schulen oder Vereinen ab. Man darf sich nicht wundern, wenn schon der Begriff "Besprechung" ein Synonym für Ergebnislosigkeit, Langeweile und Frustration geworden ist.

-.-

Nachgespräche

Nach Abschluß der Sitzung hatten wir Gelegenheit, mit einzelnen Teilnehmern kurze Gespräche zu führen. Hier die Ergebnisse:

Herr Maier

"Herr Maier, darf ich Sie etwas fragen?"

"Wenn's sein muß, aber bitte schnell, ich habe nicht viel Zeit. Worum geht's denn?"

"Sie haben die Abteilungssitzung eben geleitet. Wie zufrieden sind Sie mit Verlauf und Ergebnis?"

"Ach, wissen Sie, diese Abteilungssitzung. Eigentlich ist die reine Zeitverschwendung. Die Leute sind ja so desinteressiert. Keiner macht den Mund auf, nur wenn es um Kleinkram geht. Und da kommen auch immer wieder die selben Sachen auf den Tisch."

"Wäre es denn dann nicht besser, die Sitzung einfach ausfallen zu lassen?"

"Also, wissen Sie, einer muß den Leuten doch sagen, wo's lang geht. Sonst tut ja überhaupt keiner mehr was. Und jetzt wissen wenigstens alle, was sie bei dieser Doppelcolor-Einführung zu tun haben."

"Sind Sie da so sicher?"

"Also, ich muß jetzt in die nächste Sitzung. Auf Wiedersehen."

Herr Sauermann

"Herr Sauermann, Sie hatten in der Abteilungssitzung die Hauptaufgabe, nämlich über den Stand der Doppelcolor-Kampagne zu informieren. Haben Sie den Eindruck, daß die Informationen angekommen sind?"

"Na ja, das war schon ein bißchen verunglückt. Herr Maier hatte ja das Papier nicht dabei, und da mußte ich eben ..."

"Haben Sie denn den Eindruck, daß die Teilnehmer die wichtigsten Fakten mitbekommen haben und nun wissen, was sie zu tun haben?"

"Also, ich finde diese Sitzung völlig überflüssig. Am besten wäre es, ein Rundschreiben herumzuschikken, in dem alles drin steht, und jedem die Anweisung zu geben, was er zu tun hat. Dann könnte man sich die ganze Sitzung sparen. Aber Herr Maier meint ja, es müsse alles 'im Dialog' gehen, wie er sagt. Wenn Sie mich fragen ..."

"Glauben Sie denn, daß ein Rundschreiben wirklich gelesen und umgesetzt wird?"

"Ich kann dann wenigstens nachweisen, daß ich informiert habe. Und es läßt sich dann auch leichter nachweisen, wer gepennt hat und wer nicht. Bei uns müßte überhaupt viel straffer geführt werden."

Herr Schmidt

"Herr Schmidt, werden Sie mit der Auswertung der Zeitschriften nach dieser Abteilungssitzung nun besser zurandekommen?"

"Keine Spur! Das ist überhaupt so ein Steckenpferd von Herrn Maier, an dem keiner sonst interessiert ist. Und er braucht es gar nicht, denn er liest ohnehin alle Zeitschriften."

"In der Sitzung sagte aber Herr Maier, die Herren aus den Abteilungen hätten diese Auswertung gewünscht."

"I wo. Wissen Sie, wie das zustande kam? In der vorigen Sitzung sagte Herr Maier: 'Meine Herren, wir haben viel zu wenig Überblick darüber, was in unseren Fachzeitschriften diskutiert wird. Sie sind doch sicher mit mir der Meinung, daß wir da dringend eine regelmäßige Dokumentation brauchen.' Da hat natürlich keiner widersprochen. Und dann hat er noch gesagt, daß ich das übernehmen soll und daß mir alle ihre Auswertungswünsche sagen sollen. Da haben alle still vor sich hingeguckt, und dann war die Sitzung zuende."

"Und wie geht das nun weiter?"

"Ach, daß muß man nicht so ernst nehmen. Das verläuft sich bald im Sande, und in der nächsten Sitzung hat sich Herr Maier was anderes ausgedacht."

"Ja, wenn das so ist ... Dann vielen Dank!"

Herr Gerber

"Herr Gerber, Sie hatten ja nun eigentlich ein ganz anderes Problem, als auf dieser Sitzung auf der Tagesordung stand. Sie haben eben noch mit einigen Herren zusammengestanden. Haben Sie denn nun Ihre Entscheidung wegen der Coverfarben?"

"Wo denken Sie hin. Da legt sich doch keiner fest, wenn sich der Chef noch nicht klar geäußert hat. Deshalb habe ich das ja bei der Sitzung angesprochen, damit Herr Maier endlich mal eine Entscheidung trifft, aber er hat sich ja wieder einmal gedrückt."

"Wie kommen Sie denn nun an Ihre Entscheidung?"

"Oh, da habe ich schon so meine Möglichkeiten. Übermorgen fliege ich zum Beispiel mit Herrn Pieper in der gleichen Maschine. Und von dem bekomme ich dann schon, was ich brauche."

"Meinen Sie nicht, daß Ihre Kollegen da aus ihrer Sicht auch etwas beitragen könnten?"

"Da legt sich doch keiner offen fest. Wenn man mal falsch gelegen hat, kriegt man das noch jahrelang aufs Butterbrot geschmiert. Sie haben ja miterlebt, wie Herr Walter eins über die Rübe bekommen hat, nur weil er vor zwei Jahren mal nachgewiesen hat, daß das MaFo-Institut Mist gebaut hat."

"Finden Sie das denn gut, wie das so bei Ihnen läuft?"

"Ach, da muß halt jeder selbst sehen, wie er zurecht kommt. Ich kann damit leben."

Herr Walter

"Herr Walter, Sie sind eben in der Sitzung nicht so recht durchgedrungen mit Ihrer Ansicht über das MaFo-Institut."

"Also, ich verbrenne mir nicht noch mal den Mund. Ich sage gar nichts mehr. Auf Wiedersehen!"

Frau Petersen

"Frau Petersen, Sie waren doch auch eben in der Abteilungssitzung. Sie haben aber gar nichts gesagt. Hatten Sie mit dem Thema nichts zu tun oder hatten Sie keine eigenen Punkte für diese Sitzung?"

"Doch, ich bin sogar zentral betroffen, denn ich koordiniere die Aktivitäten von Marketing und Vertrieb. Aber Sie haben ja gesehen, daß eine Diskussion gar nicht möglich ist. Ein paar von den Abteilungsleitern breiten stolz ihre Pfauenfedern aus, und wenn sie sich genügend produziert haben, ist die Sitzung für sie ein Erfolg gewesen. Mehr soll doch dabei gar nicht herauskommen."

"Wie müßte es denn nach Ihrer Meinung laufen, damit etwas dabei herauskommt?"

"Es müßte halt jeder zu Wort kommen können. Und die Argumente von jedem müßten gleich wichtig sein. Denn wir haben ja alle unsere Erfahrungen. Und man müßte halt aufeinander hören. Und dann müßte es einen richtigen roten Faden geben, damit man mal was ausdiskutieren kann. Ja, und zum Schluß sollte wirklich jeder wissen, was er zu tun hat, was noch zu entscheiden ist und wie es weiter geht. Und dann müßte auch mal überprüft werden, ob denn die Sachen nun gemacht worden sind, die in Auftrag geben wurden. Wenn da ein bißchen mehr Struktur drin wäre, dann könnte auch was dabei herauskommen. Vielleicht würden wir dann ein richtiges Team, in dem miteinander und nicht gegeneinander gearbeitet wird. Aber ob das geht...?"

Vielleicht lesen Sie einmal, wie wir uns vorstellen, wie es gehen könnte - und wie wir es viele, viele Male gemacht haben:

2.2 Besprechung, wie sie sein kann - oder: wie auch etwas dabei herauskommen kann.

Vorbereitung

Die Szenerie hat sich nun ein bißchen verändert: 15 Stühle stehen in einem dreiviertel Kreis, an der Seitenwand gegenüber stehen drei Stelltafeln, mit Packpapier bespannt. Die Packpapiere sind beschrieben, aber offensichtlich soll man sie noch nicht lesen können, denn sie sind noch verhängt. Neben den Tafeln stehen ein Flipchart und ein Kasten, in dem sich Filzstifte verschiedener Größe und Farbe, Pinnadeln, Klebestifte und Karten verschiedener Farben befinden.

Während Herr Sauermann die Tafeln richtet und das Material überprüft, betreten die ersten Sitzungsteilnehmer den Raum. Da sie es gewohnt sind, daß ihre Abteilungssitzung "moderiert" wird, erstaunt sie die Herrichtung des Raums nicht. Im Gegenteil, sie fühlen sich lockerer und entspannter, wenn sie sich nicht an einem großen Konferenztisch gegenübersitzen, als wären sie zwei Verhandlungsdelegationen. Die freie Aufstellung der Stühle verschafft ihnen eine Beweglichkeit, die sich auch im Umgang miteinander ausdrückt.

Begrüßung Anwärmen

Als letzter erscheint Herr Maier, der sich mit einem Seufzer der Erleichterung in einen Stuhl fallen läßt. "Mein Gott, ich komme gerade aus einer dieser schrecklichen Hauptabteilungsleitersitzungen. War das wieder ein Geziehe und Gezerre. Gott sei Dank haben wir das ja hier anders organisiert! - Also, dann kann's ja losgehen. Wer moderiert uns denn heute? Ach ja, Herr Sauermann."

"Wir haben uns für heute vorgenommen, einmal ausführlich über die Einführung des Doppelcolor-Lippenstifts zu sprechen. Aber vielleicht gibt es sonst noch dringende Themen, die wir auch besprechen sollten. Ich habe eine Tagesordnung hier auf dem Flipchart vorbereitet."

Problem-und Themenorientierung

Herr Sauermann schlägt die Flipchart-Seite um, auf der folgendes steht:

"Gibt es noch weitere Themen für heute", fragt er in die Runde. Herr Gerber hat einen Wunsch: "Wir müßten dringend die Farbnuancen für die Verpackung des Nagellack-Sprays festlegen. Könnten wir das nicht heute auch gleich machen?"

"Gibt es Einwände dagegen", wendet sich Herr Sauermann an die Gruppe. Ihr Schweigen interpretiert er als Zustimmung und schreibt "Farbnuancen Nagellackspray" unter Nr. 2 auf den Flipchart.

"Noch etwas?"

"Ja, ich hätte noch etwas", sagt Herr Maier. "Ich würde gerne wissen, wie es mit der Auswertung der Zeitschriften läuft. Ich bin damit jedenfalls noch nicht ganz zufrieden."

Nach einem prüfenden Blick in die Runde trägt Herr Sauermann auch dieses Thema auf dem Flipchart ein. "Gibt es noch weitere Wünsche?" Da keine Vorschläge mehr kommen, kann sich Herr Sauermann nun dem nächsten Schritt zuwenden:

"Dann müssen wir noch klären, in welcher Reihenfolge wir die Themen behandeln und wieviel Zeit wir uns dafür nehmen wollen. Herr Gerber, was meinen Sie, wie lange dauert Ihr Punkt?"

"Wir sind da schon so weit, daß das eigentlich in 10 Minuten erledigt sein müßte." Herr Sauermann trägt "10 Min" in die Zeitspalte ein. Und das andere Thema, wie lange wird das dauern?" - "Das sollte eigentlich auch nicht mehr Zeit kosten, nachdem die Frage ja im Prinzip schon geklärt war." Also auch hier "10 Min" für die Zeitspalte.

"Und womit wollen wir beginnen?"

"Ich finde", meldet sich Frau Petersen zu Wort, "wir sollten die Nebenthemen am Anfang schnell erledigen, damit wir uns auf das Hauptthema konzentrieren können. Für mich ist es sehr wichtig, daß wir ausführlich darüber sprechen."

"Dann schlage ich vor, daß wir mit Herrn Gerbers Thema beginnen - 'Priorität A' -, dann die Zeitschriftenauswertung nehmen - 'Priorität B' - und den Rest der Zeit, das sind dann noch gut eineinhalb Stunden, dem Doppelcolorstift geben. Sind Sie damit einverstanden?" Es gibt keine Einwände, und so sieht die gemeinsam erarbeitete Tagesordnung nun so aus:

Tagesordnung		
Themen	**Reihenfolge**	**Zeit**
1. Einführung des Doppel-color-Lippenstifts	C	100 Min.
2. Farbnuancen Nagellackspray	A	10 Min.
3. Auswertung Zeitschriften	B	10 Min.
4.		

"Herr Gerber, Sie sind dran!"

Information

Herr Gerber hat ein Muster des beschlossenen Verpackungsmaterials mitgebracht und zeigt, daß die Farbwerte bei verschiedenen Packungen unterschiedlich herauskommen. Da er weiß, daß Farbfragen letztlich Glaubensfragen sind, hat er gleich einen Auswahlvorschlag mitgebracht. Herr Maier meldet noch Bedenken an, läßt sich aber überzeugen, als ihm gezeigt wird, wie sich diese Verpackung neben den anderen Produkten auf dem Verkaufs-

Kurzdiskussion

regal ausmachen wird. Auf diese Weise kommt nach

kurzer Zeit - die 10 Min. sind kaum ausgenutzt worden - ein gemeinsamer Vorschlag zustande. Alles weitere liegt nun bei Herrn Gerber, der sich, nachdem sein vordringliches Problem gelöst ist, voll auf die weiteren Probleme konzentrieren kann.

Beziehungs-probleme

Mit dem nächsten Thema, der Auswertung der Zeitschriften, geht es nicht so reibungslos. Es zeigt sich, daß sich die Abteilungsleiter von Herrn Maier überfahren gefühlt haben, als er letztes Mal dieses Thema, wie sie sagen, "durchgepaukt" hat. Sie fühlen sich von ihm bevormundet und erklären, daß sie schon selbst wüßten, was sie lesen müssen und was nicht. Herr Maier ist nicht überzeugt. Er findet, daß zu wenig von dem, was sich draußen tut, in der Firma aufgenommen und umgesetzt wird. Die Stimmung wird erregter, die Worte und Stimmen nehmen an Schärfe zu, und es ist kein Wunder, daß die vereinbarte Zeit überschritten wird.

Herr Sauermann, der sich an der Diskussion nicht beteiligt hat, greift nun ein:

"Mir scheint, daß das doch ein umfangreicheres Thema ist. Wir sollten überlegen, ob wir das jetzt weiterdiskutieren wollen, zu Lasten unseres anderen Themas, oder ob wir uns bei einer anderen Sitzung mehr Zeit dafür nehmen wollen."

Mehrere Teilnehmer sprechen sich dafür aus, das Thema zu vertagen. "Gut", sagt Herr Sauermann, "wie soll das Thema lauten und wann wollen wir es uns vornehmen?"

Herr Kefer, der sich besonders intensiv an der Debatte beteiligt hatte, schlägt vor, einmal eine Abteilungssitzung dem Thema zu widmen, "wie es eigentlich um unsere Kreativität bestellt ist, wie zufrieden wir damit sind und was wir verbessern können." Der Vorschlag wird von den anderen aufgegriffen, denn die Formulierung trifft das Problem von Herrn Maier, ohne daß der stille Vorwurf, den Herr Maier angedeutet hat, enthalten ist. Herr Kefer erklärt sich auch bereit, die nächste Sitzung zu diesem Thema zu moderieren und sie auch inhaltlich vorzubereiten.

Seit Sitzungsbeginn ist nun insgesamt etwa eine halbe Stunde vergangen, und einige drängen darauf, sich nun dem eigentlichen Thema des Tages zu widmen.

Information

Herr Sauermann klappt ein Plakat auf und erläutert: "Ich habe da mal ein paar Daten zur Kampagne für den Doppelcolor-Lippenstift zusammengestellt, die vielleicht für Sie interessant sind. Ich möchte die Daten kurz erläutern. Wenn Sie Fragen, Einwände oder Bemerkungen haben, notieren Sie sie doch bitte auf Kärtchen. Ich sortiere die Karten dann anschließend mit Ihnen und wir diskutieren die Frage nacheinander." Die Gruppe kommt in Bewegung. Jeder holt sich aus dem Kasten einen Stapel Karten und einen Filzstift. Nachdem wieder Ruhe eingekehrt ist, beginnt Herr Sauermann mit seinem kurzen Referat.

Anhand des ersten Plakats erläutert er die wichtigsten Marktforschungsdaten, auf einem zweiten Plakat sind die Maßnahmen verzeichnet, die bisher ergriffen wurden und, in einer anderen Farbe, die Schritte, die aus Sicht der Abteilungsleitung als nächste eingeleitet werden müssen.

Nach ca. 10 Minuten ist sein Kurzreferat beendet. Die Teilnehmer haben ihre Fragen und Einwände notiert, die Herr Sauermann jetzt einsammelt.

Problembearbeitung

Währenddessen bittet er Herrn Kefer, die beiden Plakate von der Stellwand abzunehmen und mit Tesakrepp an die Wand zu hängen. Die Stelltafeln dreht er um, es erscheinen zwei leere Plakate, lediglich mit der Überschrift "Doppelcolor-Kampagne" versehen

Herr Sauermann liest nun jede Karte vor und zeigt sie dabei der Gruppe, die entscheidet, welche Karten zum selben Themenbereich gehören und zusammen auf das Plakat gehängt werden sollen. Die Karten werden einzeln mit Pinnadeln auf die Stelltafeln gehängt. So entstehen "Kartenklumpen", die jeweils Themenbereiche bilden. Aus den etwa 50 Karten, die Herr Sauermann bekommen hat, sind acht Themenbereiche geworden.

Herr Sauermann klappt nun auch das dritte Plakat
herunter, das folgende Struktur zeigt:

Themen:

	Thema	Bemerkung
1		
2		
3		

Für die einzelnen Kartenklumpen werden Überschriften gefunden, die in den "Themenspeicher", das
dritte Plakat, eingetragen werden.

Bevor Herr Sauermann die Diskussion eröffnet,
fragt er noch, ob es noch weitere Punkte gibt, die
zu diesem Themenkomplex diskutiert werden müssen.
Das Plakat wird noch um zwei weitere Punkte ergänzt, und nun kann die Diskussion beginnen. Nacheinander werden die Punkte besprochen, das Diskus-
sionsergebnis wird in der letzten Spalte in Stichworten festgehalten. Ein Diskussionspunkt ist erst
abgehakt, wenn alle Teilnehmer mit dem auf dem
Plakat formulierten Ergebnis einverstanden sind.
Jeder hat die Möglichkeit mitzureden, jeder Beitrag ist so wichtig wie der andere.

Obgleich einige heiße Punkte diskutiert werden,
bleibt die Diskussion doch übersichtlich, denn
jeder weiß, wann sein wichtiger Punkt dran kommt.
Auch Herrn Walters Mißtrauen gegen die Marktforschungsdaten wird diskutiert. Die anderen Teilnehmer teilen seine Skepsis nicht, da man schon mehrfach auch gute Erfahrungen mit dem MaFo-Institut
gemacht habe. Herr Walter ist beruhigt, als auf
dem Plakat der Satz erscheint: "Herr Walter äußert
Bedenken gegen die Daten."

Frau Petersen engagiert sich besonders bei dem Punkt "Koordination der Verkaufsförderungsmaßnahmen". Sie erklärt sich bereit, mit den beiden anderen betroffenen Herren eine Ad-Hoc-Gruppe zu bilden, in der die Koordinationsfragen im einzelnen besprochen werden. Da hier schon konkrete Maßnahmen vorgschlagen werden, holt Herr Sauermann ein weiteres Plakat hervor, das er schon vorbereitet hat, den "Tätigkeitskatalog":

Tätigkeit	wer	mit wem	bis wann	an wen
1				
2				
3				
4				
5				

Er trägt den Vorschlag von Frau Petersen in die "Was"-Spalte ein, in die "Wer"-Spalte das Kurzzeichen von Frau Petersen und - nachdem er sich mit einem kurzen Blick vergewissert hat, daß die betroffenen Herren einverstanden sind, - deren Kurzzeichen in die "Mit Wem"-Spalte. Dann kann sich die Diskussion dem nächsten Punkt zuwenden.

Als alle Punkte besprochen sind und auch keine Ergänzungen mehr kommen, wendet sich Herr Sauermann dem "Tätigkeitskatalog" zu und fragt, ob es noch weitere Aktivitäten gibt, die festgehalten werden müssen. Die Teilnehmer überfliegen noch einmal die zehn Diskussionspunkte und schlagen einige Maßnahmen vor, die in gleicher Weise wie der Vorschlag von Frau Petersen aufgenommen werden. Als alle Tätigkeiten erfaßt sind, werden die Termine für die einzelnen Aktivitäten festgelegt und die Frage geklärt "an wen" das Ergebnis der jeweiligen Aktivitäten weitergeleitet werden soll.

Simultan-protokoll

So nähert sich die Sitzung ihrem Ende. Herr Sauer-mann sagt zu, daß er die Plakate fotografieren will und daraus ein "Simultanprotokoll" anfertigt, das er jedem Teilnehmer zuschickt. Herr Maier bittet ihn, den Tätigkeitskatalog zur nächsten Sitzung noch einmal mitzubringen, damit festge-stellt werden kann, ob die Aktivitäten erledigt sind oder welche Gründe es gibt, wenn sie nicht abgearbeitet wurden. Im übrigen wird noch einmal festgehalten, daß die nächste Sitzung von Herrn Kefer vorbereitet und moderiert wird.

Die Teilnehmer verlassen den Raum zufrieden, denn jeder konnte sein Problem ansprechen und jeder weiß auch von jedem anderen, was er in bezug auf die Kampagne für den Doppelcolor-Lippenstift zu tun hat.

3. Beispiele für eine Moderation

3.1 Einführung in die Beispielabläufe

Unterschiede/
Gemeinsamkeiten

Bevor wir Sie in die einzelnen Elemente der ModerationsMethode einführen, möchten wir Ihnen einige Beispiele zeigen, wie KurzModerationen in verschiedenen Bereichen ablaufen können. Zum Teil beruhen sie auf Abläufen, die wir selbst durchgeführt haben, zum Teil sind es unsere Vorschläge, wie wir in diesem Bereich bei der gegebenen Problemsituation vorgehen würden.

Wir wollen damit nicht ausdrücken, daß man in diesem Bereich in dieser Situation nur so und nicht anders vorgehen könne. Die Beispiele stellen vielmehr jeweils eine von vielen Möglichkeiten dar, von denen wir allerdings mit einiger Sicherheit sagen können, daß sie in der angegebenen Zeit zu zufriedenstellenden Lösungen führen.

Wir haben absichtlich sehr unterschiedliche Anwendungsbereiche gewählt, denn in unserer Moderatorenausbildung hören wir immer wieder: "Ja, in der Industrie kann man das machen, aber nicht bei uns." Oder auch umgekehrt: "Wir sind da besonders weit, aber versuchen Sie nur ja nicht, so etwas im X-Bereich durchzuführen!" Wir stellen uns deshalb vor, daß Sie sich am leichtesten eine Vorstellung von der ModerationsMethode machen können, wenn Sie sich Beispielabläufe ansehen, die Ihrem Erfahrungsbereich nahe liegen.

Tatsächlich ist aber unsere Erfahrung in der Anwendung der ModerationsMethode in allen hier vorgestellten Bereichen, daß die Unterschiede so groß nicht sind. Viel entscheidender ist zum einen die Haltung des Moderators, das heißt die Art und Weise, wie er mit der Gruppe und dem Problem umgeht, zum anderen die Bereitschaft der Teilnehmer, sich auf eine kooperative Problemlösung einzulassen. Und diese Unterschiede haben mehr mit den beteiligten Menschen als mit gesellschaftlichen Bereichen zu tun. Unser Vorschlag ist deshalb, daß Sie sich nicht nur mit den Abläufen aus dem Ihnen geläufigen Bereich beschäftigen, sondern sich auch die anderen ansehen. Sie werden dabei feststellen, daß die Probleme sich häufig ähneln und daß die Methoden innerhalb der einzelnen Ablaufphasen bis zu einem gewissen Grad gegeneinander austauschbar sind.

Schema

Die Abläufe sind alle nach einem einheitlichen Schema aufgebaut:

Zunächst ist aus dem Inhaltverzeichnis erkennbar, in welchem Bereich die Abläufe durchgeführt wurden, also im betrieblichen Bereich, in Gremien- und Ausschußarbeit, in der Schule oder der Hochschule, ob sie dem Erfahrungsaustausch oder der Selbstorganisation von Gruppen dienten.

Gegebenenfalls nennt der Titel den Teilbereich, es folgt das Anwendungsfeld innerhalb dieses Teilbereichs. Das Thema spricht den aktuellen Anlaß an, unter dem die Gruppe zusammengekommen ist. Unter Teilnehmer sind Zahl und Untergruppierung der Gruppe genannt, unter Moderatoren stehen diejenigen, die aus der Gruppe heraus oder von außerhalb die Moderation durchführen.

Moderationen entstehen nicht aus heiterem Himmel. Sie haben in der Regel eine Vorgeschichte, die wichtig ist für den Aufbau der Moderation. So ist es entscheidend, ob die Gruppe sich schon kennt, ob sie schon anderes ausprobiert hat, ob sie sich auf einem gemeinsamen Informationsstand befindet usw.

Der Aufwand einer Moderation lohnt sich nur, wenn unterschiedliche Meinungen und Interessen ausgetauscht werden müssen, um zu einer gemeinsamen Lösung zu kommen. Wenn alle sich einig sind oder aber nicht an einer gemeinsamen Lösung interessiert sind, hat es meist nicht viel Sinn zu moderieren. Deshalb beschreiben wir unter Interessen und Konflikte (gelegentlich auch Ziele), welche Probleme auf der Sach- und der Beziehungsebene berücksichtigt werden müssen. Die Situation beschreibt schließlich die aktuellen räumlich-zeitlichen Gegebenheiten, wo notwendig auch die aktuellen Vorstellungen, mit denen die Teilnehmer in die Moderation gehen.

Für die Beschreibung des Moderationsablaufs haben wir folgendes allgemeine Schema gewählt:

"Phasen" nimmt Bezug auf die Einteilung, die wir im Kapitel 4 gewählt haben, um die Methoden zu beschreiben. Sie weisen darauf hin, daß jede Moderation, wie kurz oder lang sie auch immer ist, diese Phasen durchlaufen soll.

"Moderationsschritt" nennen wir die einzelnen Moderationsaktivitäten. In der Regel sind es Fragen, die die Moderatoren der Gruppe stellen oder Arbeitsanweisungen, die sie der Gruppe geben, damit sie arbeiten kann. Wir haben die Fragen jeweils wörtlich formuliert und visualisiert. Wir empfehlen Ihnen, in Ihrer Moderation das gleiche zu tun, denn nur eine wörtlich formulierte Frage wird von der Gruppe genau so verstanden, wie Sie sie gemeint haben. Mit "!!" weisen wir Sie darauf hin, was Sie besonders beachten sollten. Es sind "Fehler", die wir in der Praxis immer wieder erleben.

"Plakat" gibt Ihnen die Zahl und Art der Plakate oder anderer Hilfsmittel an. Diese Spalte ist wichtig, denn sie können aus ihr leicht entnehmen, was Sie vor der Moderation vorbereiten müssen.

Unter "Zeit" haben wir reale Uhrzeiten angegeben. Wir empfehlen Ihnen auch hier, die gleiche Form der Zeitangabe zu wählen, denn Sie können so während der Moderation leichter kontrollieren, ob Sie sich noch in dem vorgeplanten Zeitrahmen befinden oder nicht.

Viele Abläufe enden mit einer Nachbemerkung. Sie gibt entweder Hinweise auf den Prozeß, soweit er sich aus dem Ablauf nicht unmittelbar ersehen läßt, oder auf Nachwirkungen, die diese Moderation gehabt hat.

Aus dem Durchlesen der Abläufe werden Sie nur einen begrenzten Nutzen ziehen können. Was an der ModerationsMethode dran ist und wie sie Ihnen nutzen kann, werden Sie erst feststellen, wenn Sie sie ausprobieren. Dabei können Sie sich an der Art und Weise orientieren, wie viele Menschen Schachspielen gelernt haben: durch das Nachspielen von Partien. Hierbei kann es von Nutzen sein, eine

33

Partie genau so zu spielen, wie sie vorgegeben ist
(in unserem Fall einen Ablauf genau so durchzuführen, wie wir ihn vorgeschlagen haben). So bekommen
Sie ein Gefühl dafür, ob die Vorgehensweise für
Sie und für Ihre Situation paßt. Einen ähnlichen
Lerneffekt erzielen Sie aber auch, wenn Sie von
sich aus Varianten einbauen, die Sie ausprobieren
wollen.

Tips   Drei Tips möchten wir Ihnen noch zum Schluß geben:

*   Suchen Sie sich als Lernsituationen solche
     Gelegenheiten, in denen Sie sich sicher füh-
     len, in denen Sie sich gestatten können,
     Fehler zu machen, in denen Sie z.B. mit dem
     Wohlwollen der Gruppe rechnen können oder in
     denen Sie zugeben können, daß Sie selbst noch
     lernen und etwas ausprobieren wollen.

*   Wenn Sie sich nicht von Anfang an einen gan-
     zen Ablauf zutrauen, probieren Sie erst ein-
     mal einzelne Methoden aus, z.B. eine Punkt-
     frage oder eine Kartenfrage. Setzen Sie erst
     dann, wenn Sie darin genügend Übung haben,
     mehrere Moderationsschritte zu einem Ablauf
     zusammen.

*   Tun Sie nur das, was Sie vertreten können.
     Wenn Ihnen eine Methode nicht paßt, sie ihnen
     zu schwerfällig oder zu spielerisch ist,
     suchen Sie sich lieber eine andere Methode,
     mit der Sie sich wohlfühlen. Ihre Teilnehmer
     werden Ihnen nur das abnehmen, wozu sie ste-
     hen können.

Was uns, insbesondere am Anfang, immer wieder
überrascht hat, war, wie sehr die ModerationsMethode ein Selbstgänger ist. Gerade in Situationen,
in denen wir die Befürchtung hatten, daß die Gruppe nicht mitmacht, haben wir immer wieder erlebt,
wie begeistert die Gruppen waren, daß sie selbst
tätig werden durften, daß sie sich auf ihre eigene
Kompetenz und Kreativität verlassen konnten, und
daß sie dankbar waren für das Vertrauen, das in
sie gesetzt wurde.

Solche Erlebnisse wünschen wir Ihnen auch!

	3.2.1
Titel:	Abteilungssitzung

Anwendungsfeld:	Mitarbeiterbesprechung
Thema:	Durchführung einer regelmäßigen Sitzung
Teilnehmer:	15 Abteilungs- und Gruppenleiter einer Hauptabteilung einschl. Hauptabteilungsleiter
Moderator:	Ein Teilnehmer, in diesem Fall der Assistent des Hauptabteilungsleiters

Vorgeschichte: Die Hauptabteilung Marketing hält monatlich eine Sitzung der zu ihr gehörenden Gruppen- und Abteilungsleiter ab. Nachdem unter den Teilnehmern Ärger über den unproduktiven Verlauf enstanden war, haben sich zwei Teilnehmer mit der ModerationsMethode beschäftigt und mit Zustimmung des Hauptabteilungsleiters einmal einen Versuch gestartet, diese Sitzung zu moderieren. Der Versuch verlief positiv, und nach mehrmaliger Anwendung der ModerationsMethode war die meisten Teilnehmer in der Lage, die ModerationsMethode in dieser Art von Sitzung anzuwenden.

Ziele, Interessen und Konflikte: Da alle Teilnehmer stark beschäftigt sind, haben alle das Interesse, daß aus der Zeit, die sie zusammensitzen, möglichst viel herauskommt. Der Hauptabteilungsleiter ist daran interessiert, daß die Koordination zwischen den Abteilungen funktioniert und daß die Führungskräfte seiner Abteilung selbst die Verantwortung für ihren Koordinationsprozeß übernehmen. Die Abteilungs- und Gruppenleiter sind daran interessiert, ihre Leistungen gut herauszustellen und anerkannt zu werden. Da das nur geht, wenn sie von jedem Kollegen wissen, was er tut und wie seine Arbeit die eigene Arbeit beeinflußt, sind sie an einer offenen Diskussion interessiert. Sie haben festgestellt, daß sie damit alle weiter kommen, als wenn sie gegeneinander arbeiten. Alle Beteiligten haben festgestellt, daß diese Zusammenarbeit die Qualität der Arbeit der gesamten Hauptabteilung positiv beeinflußt hat.

Situation: Die Teilnehmer treffen sich zu ihrer monatlichen Sitzung um 10 Uhr im Besprechungsraum 4b. Der Moderator dieser Sitzung, Herr Sauermann, ist etwas früher da, um Tafeln aufzubauen und seine Moderation vorzubereiten.

Bemerkung: Es handelt sich hierbei um die formalisierte Darstellung der Moderation, die im zweiten Kapitel beschrieben wurde.

Phasen	Moderationsschritt	Plakat	Zeit
Themen-orientierung	Feststellen der Tagesordnung, der Reihenfolge der Themen und des Zeitbedarfs	1 vorbereit. Plakat	10.00-10.10

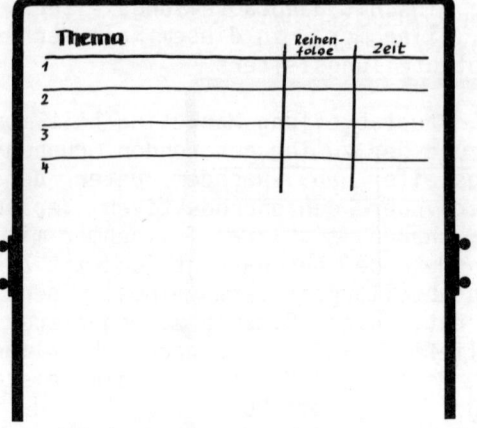

Phasen	Moderationsschritt	Plakat	Zeit
Themen-bearbeitung	Bearbeiten der Nebenthemen Ggf. notieren von Ergebnissen und Verabredungen auf Flipchart oder Plakat	Leerplakate Flipcharts	10.10-10.30
Information	Informationen zum Hauptthema Die Teilnehmer bekommen Karten, auf denen sie Diskussionspunkte notieren können.	vorb.Visu-alisierng.	10.30-10.40
Diskussion	Verlesen und gemeinsames Sortie-ren der Karten	2 vorbereit. Plakate	10.40-11.00

Phasen	Moderationsschritt	Plakat	Zeit
	Eintragen der Überschriften in den Speicher	1 vorbereit. Speicher	11.00-11.10
	Diskussion der einzelnen Punkte, Eintragen der Ergebnisse und Antworten in den Speicher		11.10-12.00

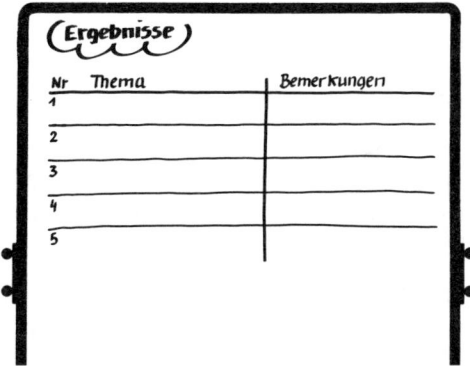

Handlungs-orientierung	Ausfüllen des Tätigkeitskatalogs	1 vorbereit. Tätigkeits-katalog	12.00-12.15

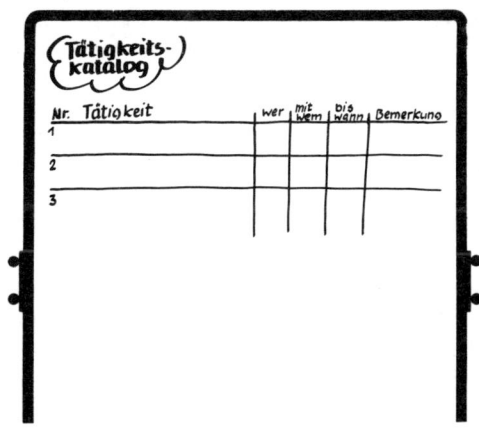

Ende der Sitzung   12.15

Bemerkung: Dies ist ein sehr simpler Ablaufvorschlag. Wenn
                          Sitzungen regelmäßig moderiert werden, empfiehlt
                          es sich, immer mal wieder Varianten einzubauen,
                          wie sie in anderen Abläufen gezeigt werden, um
                          Langeweile zu vermeiden.

37

	3.2.2
Titel:	Zielvereinbarung in einem Projekt
Anwendungsfeld:	Projektarbeit
Thema:	Gemeinsame Zielvereinbarung über die Projektarbeit in einem EDV-Projekt
Teilnehmer:	5 Vertreter der betroffenen Fachabteilungen
	2 Mitarbeiter der EDV-Abteilung
	1 Projektleiter (PL)
	1 Organisationsentwickler (OE)
Moderatoren:	der Projektleiter
	der Organisationsentwickler

Vorgeschichte: Im Rahmen des EDV-Projekts "Budget-Planung" hat sich herausgestellt, daß die Auftragsabwicklung (das ist die Bearbeitung eines Auftrags vom Angebot bis zur Auslieferung und Rechnungsstellung) nicht ausreichend transparent ist. Insbesondere wird bemängelt, daß das erforderliche Datenmaterial nicht so rechtzeitig zur Verfügung steht, daß kurzfristig Korrekturen in der Budget-Planung vorgenommen werden können. Die Fachabteilungen sind mit ihrer Auftragsabwicklung im Prinzip zufrieden, wollen aber die Gelegenheit wahrnehmen, ihre Arbeitsabläufe zu überprüfen.

Interessen und Konflikte:

alles vorher erfragt?

1. Die EDV ist daran interessiert, Lösungen zu finden, die sich nahtlos in ihr EDV-Konzept einbauen lassen. Sie möchte deshalb Sonderwünsche so weit wie möglich abweisen.

2. Die Fachabteilungen sind daran interessiert, sich ihre Arbeit zu erleichtern und Lösungen zu finden, die optimal auf ihre Belange zugeschnitten sind. Darüber hinaus haben sie Wünsche an die Datenaufbereitung, da eine Reihe von Tätigkeiten bisher manuell durchgeführt werden müssen.

3. Der Organisationsentwickler möchte erreichen, daß die Betroffenen möglichst weitgehend an dem Planungsprozeß beteiligt werden.

Situation: Es findet die erste Projektsitzung statt.

Phasen	Moderationsschritt	Plakat	Zeit
Anwärmen	Begrüßung		9.00- 9.10
	Vorstellungsrunde: Name/Funktion/Bezug zu diesem Projekt		
	1-Punkt-Frage:	vorbereit. Plakat	9.10- 9.15

	Stichworte zurufen lassen und mitvisualisieren !! Vorsicht: nicht selbst inter- pretieren!		
Problem- orientierung	Informationen über Vorgeschich- te und Stand des Projekts	2-3 Plakate/ Flipcharts	9.25- 9.45

Phasen	Moderationsschritt	Plakat	Zeit

Kartenfrage:

1 Plakat mit Frage, 1 Leerplakat

9.45-10.30

(Über welche Probleme/ Fragen müssen wir im Zusammenhang mit dem Projekt sprechen?)

!! Karten von Teilnehmern zuordnen lassen
!! Noch keine Problemdiskussion, sondern Problemsammlung!

Themenspeicher erstellen:

1 vorb. Plakat

Themen-Speicher

Welche Themen sollen zuerst behandelt werden?

Themen	Rang	Themen	Rang
1.			
2.			
3.			
4.			

Phasen	Moderationsschritt	Plakat	Zeit
	Bewerten: Bewertungsfrage: "Welche Themen sollten zuerst behandelt werden?"		10.30-10.40
	Pause		10.40-11.00
	Plenumsdiskussion in der Reihenfolge der Themenbewertung. Ergebnisse mitvisualisieren	je Thema ein Leerplakat	11.00-12.30
Handlungs-orien-tierung	gleichzeitig: Eröffnen des Tätigkeitskatalogs Aufnehmen von Tätigkeitsvorschlägen	vorbereit. Katalog	
	Überprüfen des Tätigkeitskatalogs auf Tätigkeiten, die bis zur nächsten Sitzung angegangen werden müssen. Diese werden in den endgültigen Tätigkeitskatalog aufgenommen		12.30-12.40
	Komplettieren des Tätigkeitskatalogs: Ausfüllen aller Spalten		12.40-12.55

1-Punkt-Frage:

	Ende der Sitzung		13.00

3.2.3

Titel: Außendienstbesprechung (AD-Besprechung)

Anwendungsfeld: Mitarbeiterbesprechung
Thema: Erfahrungsaustausch im Rahmen regelmäßig wieder-
                            kehrender Tagungen
Teilnehmer: 15 Vertreter verschiedener Außendienstbezirke
                            1 Leiter des Außendienstes (AL)
                            1 Assistent des Außendienstleiters
                            1 Personalreferent
Moderatoren: der Assistent des Außendienstleiters
                            der Personalreferent

Vorgeschichte: In diesem Unternehmen ist es üblich, daß die Au-
                            ßendienstmitarbeiter vierteljährlich einmal zusam-
                            menkommen, um über die geleistete Arbeit, die
                            Vierteljahresergebnisse und die Aufgaben für die
                            kommende Periode zu sprechen. In letzter Zeit
                            verstärkte sich die Kritik an diesen Sitzungen, da
                            sie immer mehr zur Befehlsausgabe durch den Außen-
                            dienstleiter wurden und Diskussionen immer weniger
                            möglich waren. Daraufhin beauftragte der Außen-
                            dienstleiter seinen Assistenten, nach einer neuen
                            Konferenzform zu suchen, die die Kritik der Mitar-
                            beiter aufgreifen sollte. Die folgende Moderation
                            hat der Assistent gemeinsam mit dem Personalrefe-
                            renten entwickelt, mit dem er sie auch gemeinsam
                            durchführt.

Interessen und   Die Außendienstmitarbeiter möchten ihre Probleme
Konflikte: offener ansprechen können, sie möchten mehr Erfah-
                            rungsaustausch untereinander herstellen und eigene
alles vorher   Vorschläge einbringen können. Der Außendienstlei-
erfragt?   ter möchte ein kooperatives Diskussionsklima,
                            möchte aber auch erreichen, daß seine Vorgaben
                            effektiver in die Tat umgesetzt werden. Der Assi-
                            stent möchte sich durch eine neue Diskussionsme-
                            thode profilieren und der Personalreferent sieht
                            mit der Moderation eine Möglichkeit, an den Außen-
                            dienstbesprechungen teilzunehmen und dadurch bes-
                            ser die Personalprobleme dieser Mitarbeitergruppe
                            kennenzulernen.

Situation: Diese Moderation umfaßt den ersten Nachmittag
                    einer auf eineinhalb Tage angesetzten Besprechung.
                    Die Teilnehmer haben am Vormittag noch in ihren
                    Gebieten gearbeitet. Sie sind zum Mittagessen
                    angereist, das sie jetzt hinter sich haben. Die
                    Moderatoren sind am Vormittag angereist, haben
                    ihre Tafeln aufgebaut und die Moderation technisch
                    und methodisch vorbereitet. Diese Moderation ist
                    als Experiment gedacht. Die Teilnehmer wollen
                    hinterher entscheiden, ob sie diese Sitzungsform
                    für die Zukunft übernehmen wollen.

Phasen	Moderationsschritt	Plakat	Zeit

| Anwärmen | Begrüßung durch den AL
Bittet dabei die Teilnehmer, kon-
struktiv bei diesem Sitzungs-
experiment mitzumachen. | | 15.00-15.05 |

Einführung in die Modertions-
Methode

1 vorb.
Plakat

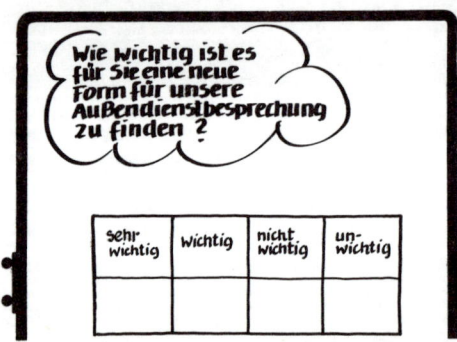

Unsere AD-Besprechung
einmal anders

• Was wir erreichen wollen:
  → mehr aktive Beteiligung
  → mehr Transparenz
  → mehr Spaß an der
     AD-Besprechung

• worum wir sie bitten:
  → erst einmal mitzumachen
     und die Methode erst am
     Ende zu diskutieren

1-Punkt-Frage: vorbereit.
                                                  Plakat

Wie wichtig ist es
für Sie eine neue
Form für unsere
Außendienstbesprechung
zu finden ?

sehr wichtig	wichtig	nicht wichtig	un- wichtig

!! Stichworte zu "Was möchten
Sie anders haben" mitvisualisieren.

Phasen	Moderationsschritt	Plakat	Zeit

"Was ist ihnen auf dem Weg zu dieser Besprechung heute morgen durch den Kopf gegangen?"
!! Aufpassen: Keine Diskussion, keine Bewertungen, keine Antworten!

15.15-15.30

Problem-findung

Kartenfrage:

Worüber sollen wir auf unserer AD-Besprechung sprechen?

1 Frage-plakat
2 Leerplakate

15.30-16.15

!! Karten gemeinsam mit den Teilnehmern ordnen

Themenspeicher erstellen

1 vorbereit. Plakat

Ergänzung des Themenspeichers durch den AL mit seinen Themen, soweit sie die Teilnehmer noch nicht genannt haben

Bewertung:
"Welche Themen sind für uns gemeinsam so wichtig, daß wir sie unbedingt besprechen sollten?"

Pause

16.15-16.30

Phasen	Moderationsschritt	Plakat	Zeit
Problem- bearbeitung	Bildung von Kleingruppen nach Interesse		16.30-16.40
	Kleingruppenarbeit nach folgendem Scenario:	je Kleingr. 1 vorb.Plakat	16.40-17.25

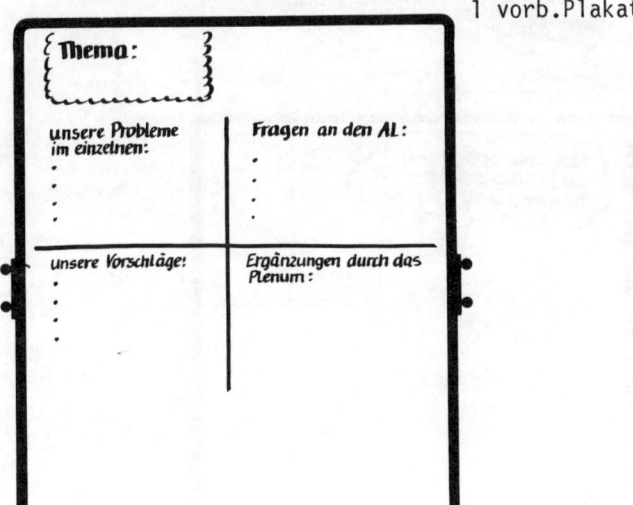

	Vorstellen der Kleingruppenergeb- nisse. Ergänzung der Kleingruppenplakate durch Plenumsteilnehmer, Sammeln von Fragen im Fragespeicher, Sammeln der Vorschläge im Vorschlagsspeicher	1 vorbereit. Speicher 1 vorbereit. Speicher	17.25-18.15

!! Falls sich gegen bestimmte Vorschläge aus dem Plenum Wider-
   spruch regt, diesen Vorschlag
   entweder im Vorschlagsspeicher
   mit ⚡ versehen oder das genaue
   Problem in den Themenspeicher
   für eine Neuwahl aufnehmen.

Beantwortung der Fragen durch AL.
Fragen, die nicht unmittelbar
beantwortet werden können, werden
auf Fragespeicher übernommen:

18.15-18.45

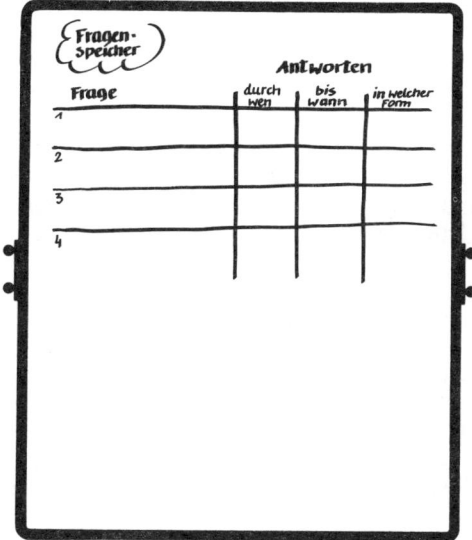

Schlußfrage: (Punktfrage)

Ende der Moderation

19.00

Bemerkungen: 1. Wenn noch ausführlicher über die Moderartions-Methode gesprochen werden soll, bietet sich statt der 1-Punkt-Schlußfrage eine Zuruffrage an: "Was hat Ihnen an dieser Besprechungsform gefallen, was nicht." Die Moderatoren visualisieren die Argumente mit. Anschließend kann dann entschieden werden, ob die ModerationsMethode auch am nächsten Tag weiter angewendet werden soll.

2. An diesem Nachmittag konnten mit Sicherheit noch nicht alle wichtigen Probleme diskutiert werden. Wenn die Teilnehmer weiter mit der ModerationsMethode arbeiten wollen, kann am nächsten Morgen in gleicher Weise weiterverfahren werden. Erfahrungsgemäß werden die Themen im zweiten Durchlauf konkreter und damit effektiver bearbeitet.

3. Durch diesen Ablauf werden in gleicher Weise die Interessen des Außendienstleiters wie auch der Teilnehmer befriedigt, denn beide Seiten können ihre Themen zur Sprache bringen, und der Außendienstleiter hat die Möglichkeit, beim Beantworten der Fragen seine Punkte anzusprechen, indem er sie an die Aussagen der Teilnehmer anschließt.

	3.2.4
Titel:	Einführung ausländischer Mitarbeiter
Anwendungsfeld:	Einführen neuer Mitarbeiter
Thema:	Begrüßung und Einführung eines zweimonatigen Aus-bildungskurses
Teilnehmer:	20 nordafrikanische Facharbeiter
	2 Betreuer, die derselben Nationalität angehören aber deutsch sprechen und im Inland studieren
Moderatoren:	Leiter der Ausbildungsabteilung des betroffenen Unternehmens
	externer Moderator
Bedingung:	die Moderaktion findet auf französich statt

Vorgeschichte:

In einem nordafrikanischen Staat soll von einem deutschsprachigen Unternehmen eine Großanlage montiert werden. Eine Bedingung des Vertrages ist, daß nur einheimische Fachkräfte eingesetzt werden sollen. Es gibt aber keine Fachkräfte mit dem notwendigen know-how. Also wurde vertraglich vereinbart, daß vor Beginn der Montagearbeiten die einheimischen Fachkräfte an einer vergleichbaren Baustelle im deutschsprachigen Inland geschult werden sollen.

Interessen und Konflikte:

Die Aufgabe, die Schulung zu organisieren und zu betreuen, hat die Ausbildungsabteilung übernommen. Es gibt keine Information über Qualifikation und Voraussetzungen der zu erwartenden Mitarbeiter. Aus einem bereits durchgeführten Kurs gibt es die Erfahrung, daß "Facharbeiter" etwas sehr Unterschiedliches bedeuten. Außerdem gab es Schwierigkeiten im sozialen Bereich mit der kurzfristigen Anpassung an die kulturelle und technische Umwelt. Erfahrungsgemäß können nur einige lesen und schreiben. Die "Facharbeiter" sprechen nur arabisch und französisch. Sie kommen aus der Wärme in einen mitteleuropäischen Winter (es ist Januar). Sie haben kein oder nur wenig Geld. Sie sind sicher nur mangelhaft informiert über das, was sie erwartet. Sie sind von ihren Familien getrennt und werden zwei Monate kaserniert neben der Großbaustelle wohnen, die isoliert und 30 km entfernt von der Großstadt entfernt liegt.

Situation:

Es ist ein kalter nebeliger Januarvormittag. Es liegt viel Schnee. Die Moderation findet in einer Baubaracke neben der Großbaustelle statt. Es ist eng und improvisiert.

Phasen	Moderationsschritt	Plakat	Zeit
Anwärmen	Während die Teilnehmer herein-kommen, schreibt der Moderator Namensschilder und heftet sie ihnen persönlich an (Kontakt!)		
	Begrüßung durch den Ausbildungs-leiter Ein Plakat wird vorgestellt, auf dem die Punkte visualisiert sind, was an diesem Vormittag geschehen soll.	1 vorbereit. Plakat in franz. Sprache	9.00- 9.05
	Vorstellungsrunde: * Name * Woher komme ich * Meine Familie * Wo und was habe ich schon gearbeitet		9.05- 9.35
Problem-orientierung	Speicher (auf Zuruf füllen):	1 vorbereit. Speicher	9.35- 9.45

	Einer der Betreuer beantwortet die Fragen, ein Moderator visualisiert mit		9.45-10.15

50

Phasen	Moderationsschritt	Plakat	Zeit

Kleinguppenbildung: 10.15-10.45
Mit Hilfe von kleinen runden
Scheiben werden vier Kleingrup-
pen (KG) nach Farben gebildet.
Der Moderator sorgt dafür, daß in
jeder KG ein Teilnehmer ist, der
schreiben kann.
Die KG erhalten folgendes
Scenario
!! Scenario erklären!   4 vorbereit.
                                         Plakate

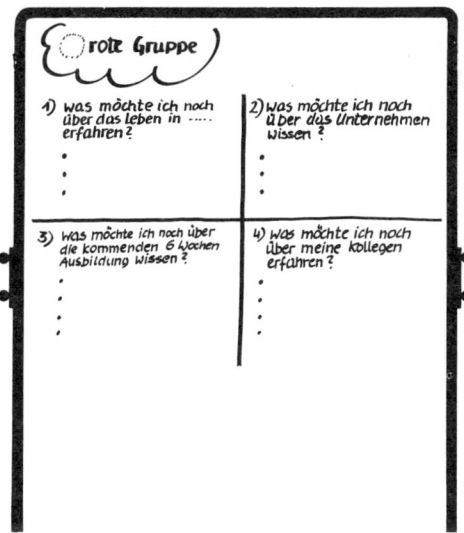

Pause   10.45-11.00

Vorstellen der KG-Ergebnisse   11.00-11.30
Offene Fragen werden im Speicher   1 vorbereit.
Speicher gesammelt   Speicher

Phasen	Moderationsschritt	Plakat	Zeit
Problem- bearbeitung	Die Betreuer beantworten die Fragen, die gleich zu beantworten sind. Zu den anderen wird dazuge-schrieben, wie, wann, durch wen oder was sie zu beantworten sind. Dadurch entsteht ein lebhaftes Frage- und Antwortspiel, das auch Vorschläge der Teilnehmer auslöst	2 Leerplakate	11.30-12.15
Abschluß	1-Punkt-Frage:	1 vorbereit. Plakat	12.15-12.30

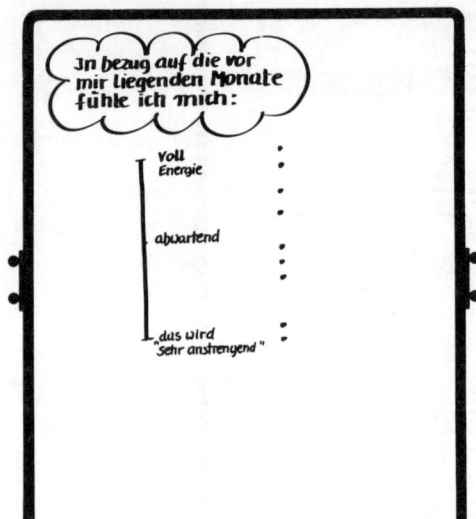

Durch Zuruf aus der Gruppe werden
die Punkte erläutert. Daran wird
klar, wie die Teilnehmer den Vormittag erlebt haben und mit welcher
Stimmung sie in die Ausbildung
gehen.

Auswirkungen: Die Verantwortlichen der Ausbildungsleitung haben
durch die lebhafte Interaktion des Vormittags mehr
über Vorwissen, Bedürfnisse und Einstellungen
ihrer Kursteilnehmer erfahren, was ihnen die Ar-
beitsplanung für die einzelnen Teilnehmer erleich-
terte. Das Beiprogramm antwortete auf die Bedürfnisse der Teilnehmer, und diese honorierten das
durch Interesse. Die Teilnehmer fühlten sich gut
aufgenommen, und die Zusammenarbeit mit den inlän-
dischen Kollegen an der Baustelle wurde merklich
gefördert.

	3.2.5
Titel:	Vorbereitung einer Theaterregie
Anwendungsfeld:	Regiearbeit
Thema:	Ideen für und Zusammenarbeit bei einer Theater-regie
Teilnehmer:	6 Ensemblemitglieder Regisseurin Regieassistent
Moderatoren:	2 externe Moderatoren

Vorgeschichte:

Bei einem inhaltlich schweren Stück und einer schwierigen Regiekonzeption kam die Regisseurin auf die Idee, die Regie einmal anders, nämlich mit einem Workshop zu beginnen. Sie wollte dabei aus den Schauspielern, die sonst üblicherweise als Einzelkämpfer auftreten, eine Gruppe machen.

Ziele, Interessen und Konflikte:

Das Ensemble bestand aus sehr jungen Künstlern, die z.T. noch in der Ausbildung waren, und es kannten sich nur drei von ihnen aus einer vorangegangenen Produktion. Alle waren sehr interessiert zu erfahren, wie ein Workshop die Erarbeitung des Stückes und der Rollen erleichtern kann. Die Regisseurin war interessiert, die Darsteller intensiver kennenzulernen und in die Erarbeitung des Stückes miteinzubeziehen.

Situation:

Am Tag vor Beginn der Regiearbeit treffen sich die Teilnehmer zu diesem Workshop. Sie kennen den Text ihrer Rolle.

Phasen	Moderationsschritt	Plakat	Zeit
Anwärmen	Begrüßung durch die Regisseurin		9.00- 9.10
	Ziele dieses Workshops: "Was wir hier gemeinsam tun wollen."	1 vorbereit. Plakat	
	Kennenlernen: eine Blitzlichtrunde: "Was Ihr von mir wissen sollt."		9.10- 9.20
Problem- orientierung	Bildung von 2er-Gruppen nach Sympathie 2er-Gruppenarbeit mit Scenario:	1 vorb. Plakat	9.20- 9.40

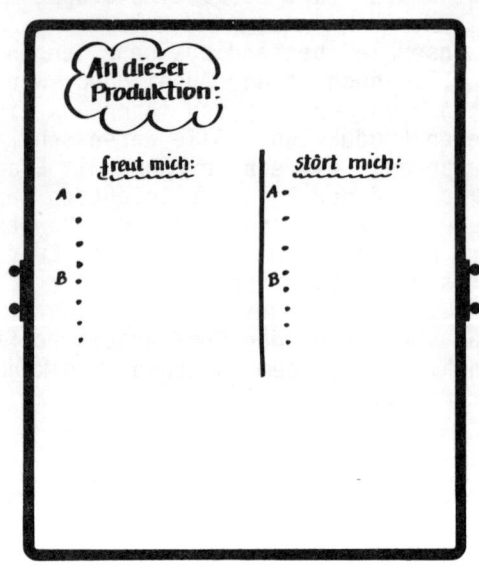

Phasen	Moderationsschritt	Plakat	Zeit
	Jede 2er-Gruppe stellt ihr Plakat im Plenum vor	1 vorbereit. Speicher	9.40-10.00

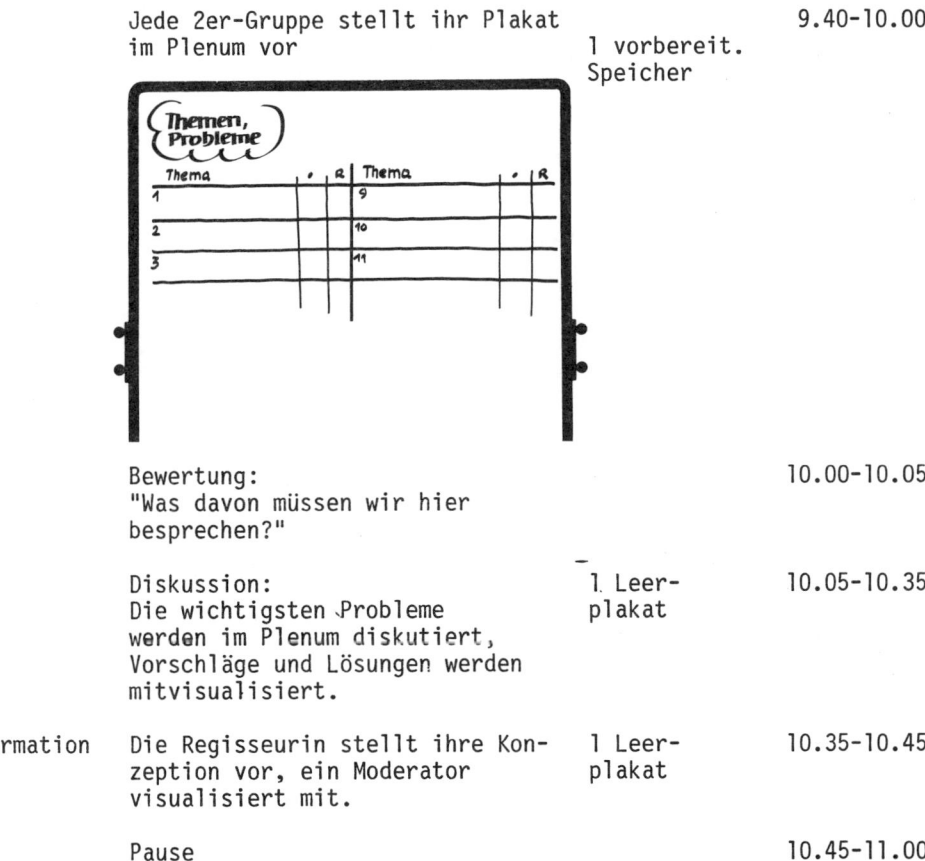

Phasen	Moderationsschritt	Plakat	Zeit
	Bewertung: "Was davon müssen wir hier besprechen?"		10.00-10.05
	Diskussion: Die wichtigsten Probleme werden im Plenum diskutiert, Vorschläge und Lösungen werden mitvisualisiert.	1 Leer- plakat	10.05-10.35
Information	Die Regisseurin stellt ihre Kon- zeption vor, ein Moderator visualisiert mit.	1 Leer- plakat	10.35-10.45
	Pause		10.45-11.00

Phasen	Moderationsschritt	Plakat	Zeit
Problem-bearbeitung	1-Punkt-Frage: 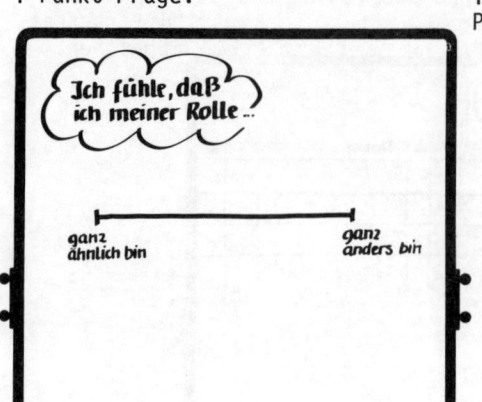	1 vorbereit. Plakat	11.00-11.05

!! Kommentare auf Zuruf mitvisualisieren!

Ergänzen des Punktes durch   11.05-11.30
ein Blitzlicht:
"Wie fühle ich mich selbst?"
"Wie fühle ich meine Rolle?"

Rollenbegegnung zu zweit: 11.30-12.00
"Wie empfinde ich Dich in Deiner
Rolle?" - "Was möchte ich von Dir
noch erfahren?"
Jeder wählt dabei nacheinander
drei Rollen, denen er begegnen
möchte (3 x 10 Min).

Kreisgespräch: "Wie dünn ist meine   12.00-12.45
Haut?"
* was verletzt mich
* was brauche ich von euch
* was will ich euch geben

Phasen	Moderationsschritt	Plakat	Zeit
Handlungs-orientierung	Erarbeitung einiger Regeln für die Zusammenarbeit Moderator visualisiert mit	1 Leer-plakat	12.45-13.00
Abschluß	1-Punkt-Frage:		13.00-13.10

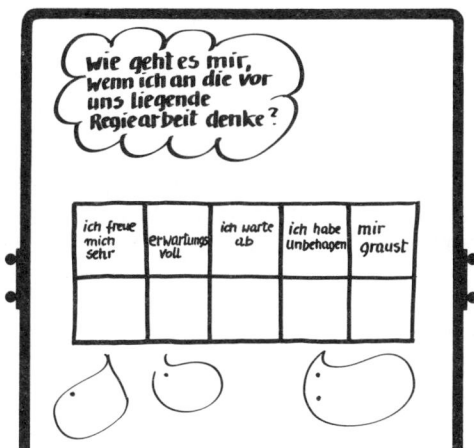

!! Kommentare mitvisualisieren!

Bemerkungen: Die Gruppe war sehr engagiert und kam sich ein Stück näher während dieser Stunden. Auf die Atmo- sphäre und Gestaltung der Zusammenarbeit hatte das eine fördernde Wirkung. Auffallend war das Zusam- menspiel im Ensemble während der Aufführung - eine Leistung, die auch theaterkompetenten Zuschauern auffiel.

	3.3.1
Titel:	Betriebsrat

Anwendungsfeld:	Politische Gremien: Beginn der Zusammenarbeit
Thema:	Ziele und Themenschwerpunkte für die nächste Amtsperiode finden.
Teilnehmer:	Der neu gewählte Betriebsrat
Moderatoren:	Der Betriebsrats-Vorsitzende, ein neues, junges Betriebsrats-Mitglied aus dem Fortbildungsbereich.

Vorgeschichte: Der neu gewählte Betriebsrat setzt sich aus unterschiedlichen Gruppierungen zusammen, die sich während des Wahlkampfes gegenseitig stark bekämpften und sich z.T. persönlich verunglimpften.
Als neuer Betriebsrat müssen und wollen die Mitglieder eng zusammenarbeiten.

Ziele, Interessen und Konflikte: Jede Gruppierung innerhalb des Betriebsrats hat "Wahlversprechungen" gemacht und möchte soviel wie möglich davon in die gemeinsame Zielsetzung einbringen und die Tat umsetzen.
Der Betriebsrats-Vorsitzende möchte sich als Integrations- und Führungspersönlichkeit etablieren.

Situation: Der Betriebsrats-Vorsitzende hat alle Mitglieder überzeugen können, daß das nächste Treffen der Findung der gemeinsamen Ziele dienen soll und moderiert werden soll.
Der Bekanntheitsgrad untereinander ist sehr unterschiedlich.

Phasen	Moderationsschritt	Plakat	Zeit
Anwärmen	Begrüßung durch den Beriebsrats-vorsitzenden, Vorstellung des Ablaufs der Sitzung	vorbereit. Plakat	14.00-14.05
	Vorstellungsrunde mit Hilfe eines Gruppenspiegels	vorbereit. Plakat	14.05-14.20

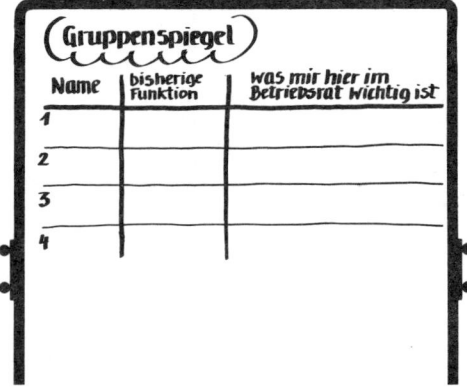

Phasen	Moderationsschritt	Plakat	Zeit
Problem-orientierung	Ein-Punkt-Frage:	vorbereit. Plakat	14.20-14.40

Stichworte von Teilnehmern zurufen
lassen und mitvisualisieren

!! Vorsicht: Nicht selbst
   interpretieren.

Phasen	Moderationsschritt	Plakat	Zeit

Kartenfrage: 1 Plakat   14.40-15-15
                                            mit Frage +
                                            1 Leerplakat

!! Karten von Teilnehmern
   zuordnen lassen.
!! Noch keine Diskussion
   über inhaltliche Fragen,
   nur Themensammlung.

Themen-Speicher erstellen   vorbereit.
                                       Plakat

Bewerten: 15.15-15.20
Bewertungsfrage: "Welche Themen
müssen wir zuerst behandeln ?"

Pause   15.20-15.30

Phasen	Moderationsschritt	Plakat	Zeit
Problem-diskussion	Kleingruppen bilden Zuordnung der Teilnehmer zu einem einem der höchstbewerteten Themen die sie interessieren. Kleingruppen-Scenario vorstel-len:	vorbereit. Plakat	15.30-15.40

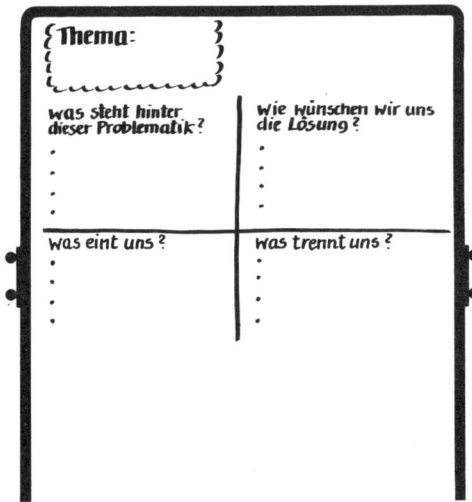

	Kleingruppenarbeit		15.40-16.15
	Präsentation der Kleingruppen-Ergebnisse		16.15-17.00
	Nach jeder Kleingruppen-Präsen-tation Plenumsdiskussion mit fol-genden Fragestellungen: * Wo haben wir bereits Konsens?	Speicher der Gemein-samkeiten	
Handlungs-orientierung	* Worüber müssen wir uns einigen ? * Was können/müssen wir tun	Tätigkeits-katalog	

Phasen	Moderationsschritt	Plakat	Zeit
	Klären, wie die nicht bearbeiteten Themen bis zur nächsten Sitzung weiterbearbeitet werden.	Tätigkeitskatalog	17.00-17.15
	Ein-Punkt-Frage:	vorbereit. Plakat	17.15-17.30

Relexion über das Ergebnis der Ein-Punkt-Frage

Dank und Abschluß !   17.30

Titel:	3.3.2 Kirchenvorstand
Anwendungsfeld: Thema:	Vorstandssitzung (nebenamtlich) Aktivitäten der Gemeinde auf dem Gebiet der Friedensarbeit
Teilnehmer:	2 Pfarrer (ein älterer, ein jügerer) 15 Kirchenvorstandsmitglieder, die sich für bestimmte Bereiche der Gemeindearbeit interessieren (Jugendarbeit, Altenarbeit, Kirchenmusik usw.)
Moderatoren:	der jüngere Pfarrer der für Jugendarbeit zuständige Diakon
Vorgeschichte:	Im Rahmen der Proteste gegen die Raketenaufrüstung war die Gemeindekirche zeitweilig von jugendlichen Demonstranten besetzt. Die Frage, wie auf diese Besetzungen zu reagieren sei, hatte den Kirchenvorstand heftig bewegt. Dem Geschick des älteren Pfarrers, der in ständigem Kontakt mit seinem jüngern Kollegen und dem Jugendarbeitsdiakon stand, war es zu verdanken, daß die Demonstranten die Kirche wieder räumten, ohne daß es zu einem Einsatz der Polizei gekommen war. In dieser Sitzung geht es darum zu klären, wie sich der Kirchenvorstand auf dem Hintergrund dieser Erfahrungen grundsätzlich zur Friedensbewegung stellen will.
Interessen und Konflikte:	Der Kirchenvorstand ist in zwei fast gleichgroße Fraktionen gespalten. Die eine Fraktion, der der ältere Pfarrer nahe steht, sieht die kirchlichen Aufgaben eher seelsorgerisch, d.h. auf das einzelne Gemeindemitglied bezogen, die andere Fraktion sieht in der kirchlichen Arbeit auch ein politische Aufgabe, durch die die ethischen Werte der Kirche vertreten werden müssen. Es besteht aber auf beiden Seiten die Bereitschaft, einander zuzuhören und sich in den Standpunkt der anderen hineinzuversetzen.
Situation:	Den Beteiligten ist klar, daß von Verlauf und Ergebnis dieser Sitzung nicht nur die weitere gedeihliche Zusammenarbeit im Kirchenvorstand abhängt, sondern auch daß sich daraus die Schwerpunkte der Gemeindearbeit verschieben können.

Phasen	Moderationsschritt	Plakat	Zeit
Anwärmen	Begrüßung durch Pfarrer Bericht über das Ende der Kirchenbesetzung		18.00-18.10
	Ein-Punkt-Frage	vorbereit. Plakat	18.10-18.25

Stichworte zurufen lassen
und mitvisualisieren
!! Vorsicht: eigene Komentare
   und Stellungnahmen vermeiden!

Problem orientierung	Kartenfrage:	1 Plakat mit Frage, 2 Leerplakate	18.25-19.10

!! Karten von Teilnehmern zuordnen lassen
!! Noch keine Diskussion über
   die inhaltlichen Fragen

Problemspeicher erstellen   1 vorb.
                                        Plakat

Phasen	Moderationsschritt	Plakat	Zeit
	Bewerten: Bewertungsfrage: "Worüber müssen wir uns einig sein?"		19.10-19.20
	Pause		19.20-19.30
	Bildung von Kleingruppen: Zuordnung der Teilnehmer zu einem der höchstbewerteten Themen nach ihrem Interesse		
Problem- diskussion	Kleingruppenarbeit mit Scenariovorschlag:	je KG eine Tafel mit Leerplakat	19.30-20.00

| | Vorstellen der KG-Ergeb-
nisse im Plenum, Übernahme
der Handlungsvorschläge in
Tätigkeitskatalog | Tätigkeits-
katalog | |
| Handlungs-
orientierung | Ausfüllen des Tätigkeits-
katalogs
!! Wenn die Handlungsvor-
schläge sehr kontrovers sind,
empfiehlt es sich, den Tätig-
keitskatalog bewerten zu lassen
mit der Frage: Auf welche
Vorschläge können wir uns am
ehesten einigen? | | 20.30-20.55 |

Phasen	Moderationsschritt	Plakat	Zeit
Abschluß	1-Punkt-Frage:	1 vorb.	20.55-21.00

Ende der Sitzung   21.00

Bemerkung:

1. Dieser Sitzungsverlauf setzt ein hohes Maß an Bereitschaft zur Einigung voraus, wenn er in der angegebenen Zeit durchgeführt werden soll. Ist diese Einigungsbereitschaft nicht vorhanden, dann ist es möglich, die einzelnen Themen nicht in Kleingruppen parallel sondern nacheinander im Plenum, vielleicht sogar auf mehrere Sitzungen verteilt, zu diskutieren. In diesem Fall sollten die Moderatoren die wichtigsten Aussagen für alle mitvisualisieren, um dadurch die Diskussion transparenter zu machen.

2. Bei der Bewertung des Tätigkeitskatalogs sollte darauf geachtet werden, daß zunächst die Tätigkeiten in Angriff genommen werden, auf die sich möglichst viele einigen konnten, auch wenn sie für den einzelnen nicht die höchste Priorität haben. Dieser Weg ermöglicht gemeinsame Erfahrungen und verstärkt damit die Bereitschaft zu gegenseitigem Verständnis und zur Kooperation.

3. Wenn die beiden Moderatoren - in diesem Fall der jüngere Pfarrer und der Diakon - inhaltlich zu sehr engagiert sind, kann es ihnen passieren, daß sie nicht die notwendige Neutralität des Moderators aufbringen. In diesem Fall empfiehlt es sich, einen oder zwei externe Moderatoren hinzuzuziehen.

Titel: 3.3.3
                            Partei

Anwendungsfeld: Arbeit in politischen Verbänden
Thema: Wahlkampf-Vorbereitung, Planung von Aktionen
Teilnehmer: Wahlkampf-Ausschuß und engagierte Mitglieder
Moderatoren: Wahlkampf-Ausschuß-Vorsitzender
                   und ein Mitglied

Vorgeschichte: Bei der letzten Wahl haben sich viele Mitglieder
                   anfangs engagieren wollen, haben sich dann aber im
                   Laufe der Vorbereitung immer mehr zurückgezogen.
                   Die Hauptarbeit blieb bei den wenigen Mitgliedern
                   des Wahlkampf-Ausschusses hängen. Die Reflexion
                   nach der Wahl zeigte, daß sich die Wahlhelfer
                   nicht mit den geplanten Aktionen identifizierten
                   und sich als Erfüllungsgehilfen und Lückenbüßer
                   fühlten. Der neugewählte Wahlkampf-Ausschuß möchte
                   nun gleich bei der Planung alle engagierten Mit-
                   glieder beteiligen.
                   Das Wahlkampf-Motto ist bereits bundesweit verab-
                   schiedet.

Ziele, Interessen   1. Der Vorstandsvorsitzende ist daran interes-
und Konflikte: siert, seinen Namen im Wahlkampf bekannt zu ma-
                    chen. Er ist Wahlkreis-Kandidat seiner Partei.

                    2. Der Kassenwart möchte für spontane Aktionen
                    Geld in der Kasse vorsehen, d.h. der geplante Etat
                    sollte nur zur Hälfte durch eine Konzeption ver-
                    plant werden.

                    3. Die Wahlkampf-Helfer möchten - nach Möglichkeit
                    - für den gesamten Wahlkampf ihre Einsatz-Termine
                    wissen.

Situation: Die erste Sitzung des erweiterten Wahlkampf-Aus-
                    schusses.
                    Die Gruppe kennt sich gut.

Phasen	Moderationsschritt	Plakat	Zeit
Anwärmen	Begrüßung und Zielsetzung der Veranstaltung erläutern	Zielplakat	19.30-19.40
	Ein-Punkt-Frage:		19.40-19.50

Stichworte zum Ergebnis zurufen
lassen und mitvisualisieren.
!! Vorsicht: Teilnehmer das Ergeb-
    nis interpretieren lassen.

Problem-orientierung	Präsentation der Wahlkampf-Konzeption des Bundes-Wahlkampf-Ausschusses		19.50-20.00
	Kartenfrage:		20.00-20.30

!! Karten von Teilnehmern
   zuordnen lassen.

!! Noch keine Diskussion
   über inhaltliche Fragen, nur
   Themensammlung.

Phasen	Moderationsschritt	Plakat	Zeit
	Themenspeicher erstellen	Themenspeicher	20.30-20.45
	Bewerten: "Welche Themen sollten wir zuerst bearbeiten ?"		20.45-20.50
	Pause		20.50-21.00
Problem- diskussion	Kleingruppen bilden Zuordnung der Teilnehmer zu einem der höchstbewerteten Themen, die sie interessieren		21.00-21.10
	Kleingruppen-Scenario vor- stellen	vorbereit. Plakat	

	Kleingruppenarbeit		21.10-21.40
	Präsentation der Klein- gruppen-Ergebnisse		21.40-22.15

Phasen	Moderationsschritt	Plakat	Zeit

Handlungs-
orientierung

Erstellen eines Aktionen-
und Tätigkeits-Katalogs
nach jeder Kleingruppen-
Präsentation.

Tätigkeits-/
Aktionenkata-
loge

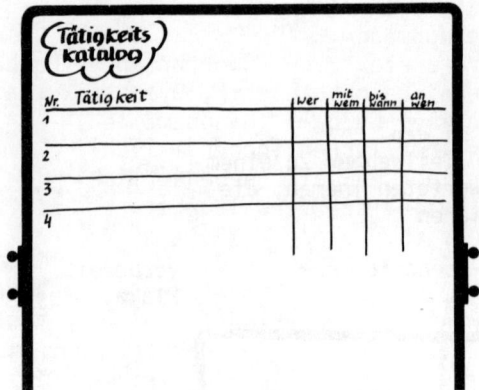

Klären, wie es mit den noch
nicht bearbeiteten Themen bis zur
nächsten Sitzung weitergeht.
!! Als Tätigkeit in den Tätig-
    keitskatalog übernehmen

Ein-Punkt-Frage: 22.15-22.20

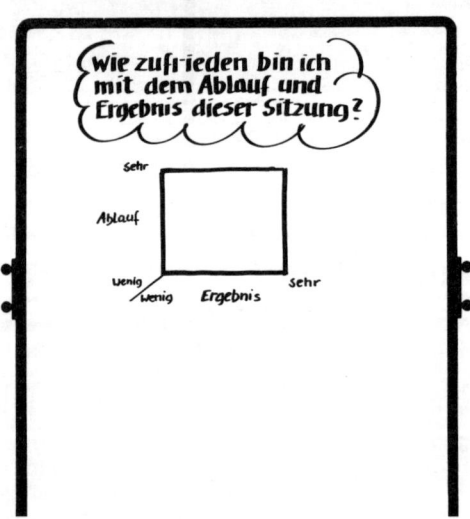

Dank und Abschluß   22.20

	3.3.4
Titel:	Sportverein

Anwendungsfeld:	Ausschußarbeit
Thema:	Klärung des Verhältnisses zwischen Leistungssport und Breitensport
Teilnehmer:	Vorsitzender
	Kassenwart
	Jugendobmann
	6 Vertreter von Sportarten (Fußball, Tennis, Turnen, Leichtathletik, Gymnastik, Hallenhandball)
	1 Trainer Fußball (hauptamtlich)
	1 Trainer Turnen (nebenamtlich)
	1 Trainer Fußball (nebenamtlich)
Moderatoren:	1 Mitglied des Verwaltungsrats
	1 Vereinsmitglied

Vorgeschichte:	Der Verein hat mit seiner Sparte Fußball vor zwei Jahren den Aufstieg in die 2. Bundesliga geschafft. Er hat gute Chancen, auch in diesem Jahr in der 2. Bundesliga zu bleiben. Dieser Erfolg hat vor allem dazu geführt, daß die Mitgliederzahlen im Amateurfußball angestiegen sind. In der Sparte Turnen wird diskutiert, ob hier ähnliche Erfolge angestrebt werden sollen oder ob die Breitenarbeit intensiviert werden soll. In der Sparte Tennis sind die Kapazitäten ausgelastet, d.h, die Plätze sind gut belegt und für weitere Mitglieder sollen keine neuen Plätze zur Verfügung gestellt werden. Da gerade eine neue Turnhalle gebaut wurde, können die Sparte Hallenhandball und die Sparte Gymnastik noch Mitglieder aufnehmen. Sie sind besonders an jungen Mitgliedern interessiert, um sich einen breiten Nachwuchs zu schaffen.

Interessen und Konflikte:	Der Fußball als stärkste Sparte und mit Erfolgen sowohl im Leistungs- wie auch im Breitensport sieht in dem Thema keinen Widerspruch, ist aber daran interessiert, seine dominante Stellung zu erhalten. Die Turner möchten den gleichen Weg gehen, ihre Mittel sind aber begrenzt, so daß sie nicht sowohl Leistungs- wie auch Breitensport gleich intensiv fördern können. Hallenhandball und Gymnastik möchten Werbung auf breiter Linie verfolgen, um damit auch neue Bevölkerungsschichten für ihre Sportarten zu erschließen, während die Tennissparte dem Sportverein eher ein exklusives Image geben möchte.

Situation: Auf der letzten Mitgliederversammlung wurde dieses
               Thema heftig diskutiert. Es wurde deshalb ein
               Ausschuß eingesetzt, der sich mit diesem Thema
               befassen und Vorschläge erarbeiten soll. Dieser
               Ausschuß tagt heute zum ersten Mal.

Phasen	Moderationsschritt	Plakat	Zeit
Anwärmen	Begrüßung durch den Vorsitzenden, der den Auftrag der Mitglieder- versammlung in Erinnerung ruft		18.00-18.05
	1-Punkt-Frage:	1 vorb. Plakat	18.05-18.10

Wo sollte der Schwerpunkt unserer Vereinsarbeit liegen:

viel

Leistungs-
sport

wenig / wenig   Breiten-   viel
                 sport

Stichworte zu den Punkten sammeln
und auf dem Plakat mitvisualisieren
!! Punkte nicht kommentieren,
   weder "positiv" noch "negativ"

| | Kartenfrage: | 1 Plakat mit Frage 2 Leerplakate | 18.15-19.00 |

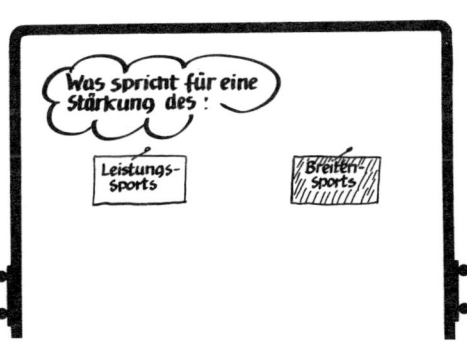

Was spricht für eine Stärkung des :

Leistungs-
Sports

Breiten-
Sports

(Für Leistungssport grüne, für
Breitensport weiße Karten)

!! Karten gemeinsam mit den Teil-
   nehmern ordnen. Grüne und weiße
   Karten können in einem Themen-
   bereich auftauchen
!! Problemdiskussion an dieser
   Stelle noch vermeiden

Themenspeicher erstellen   1 vorbereit.
                                        Plakat

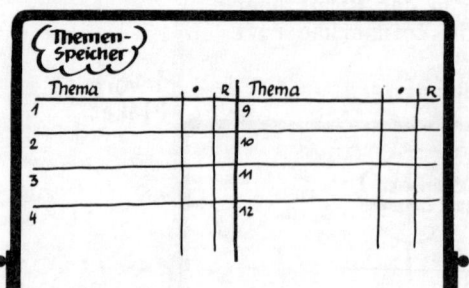

Bewertung: 19.00-19.15
"Mit welchen Themen müssen wir uns
vorrangig beschäftigen?"

Bildung von Kleingruppen nach
Interesse zu den am höchsten
bewerteten Themen

Kleingruppen(KG)-Arbeit mit fol-   19.15-20.00
gendem Scenario: 1 Scenario-
                                        beispiel
                                        je Gruppe
                                        eine Tafel mit
                                        Leerplakat

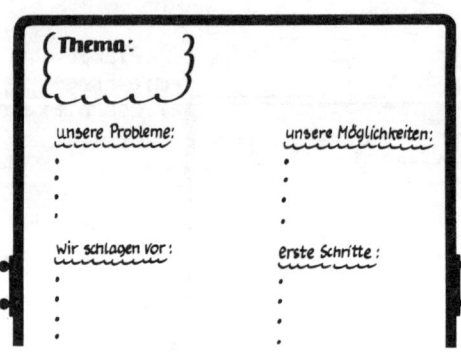

Vorstellen der KG-Ergebnisse im   20.00-20.45
Plenum
!! Diskussionsbeiträge auf
    KG-Plakaten ergänzen oder
    mitvisualisieren

gleichzeitig: 1 Speicher-
Vorschläge in Kurzform in   plakat
Vorschlagsspeicher übernehmen

Vorschlagsspeicher bewerten:
"Welche Vorschläge sollten wir
nächstes Mal ausführlicher
diskutieren?"

Schlußfrage: 1 Plakat

Ende der Sitzung   21.00

Bemerkungen: 1. Diese Fragestellung ist eines der "Glaubensthe-
men" in den Sportvereinen. Es besteht deshalb die
Gefahr endloser, meist ideologischer Diskussionen.
Die Art der Kartenabfrage erlaubt es, die "feind-
lichen" Parteien ins Gespräch zu bringen, insbesondere dann, wenn es gelingt, grüne und weiße
Karten in den Themenblöcken zu mischen. Dann kommen die Gegner in den Kleingruppen miteinander ins
Gespräch, in denen sich leichter Lösungen finden
lassen als im Plenum.

2. Die Festlegung der wichtigsten Themenbereiche
und die Erarbeitung von ersten Lösungsvorschlägen
ist ein durchaus ausreichendes Ergebnis für drei
Stunden. Die Denkpause bis zur nächsten Sitzung
erlaubt es, Kompromißmöglichkeiten weiter auszu-
loten.

	3.4.1
Titel:	Entscheidungs-Moderation

Anwendungsfeld:	Auswahl von und Entscheidung über alternative Konzepte
Thema:	Entscheidung über drei alternative EDV-Konzepte
Teilnehmer:	5 Projektmitarbeiter
	3 Abteilungsleiter aus Fachabteilungen
	1 Hauptabteilungsleiter (Datenverarbeitung)
Moderatoren:	der Projektleiter
	der Organisationsentwickler

Vorgeschichte: Ein EDV-Projekt hat sechs Monate lang an einem Konzept für die Auftragsabwicklung gearbeitet. Während verschiedener Projektausschußsitzungen, auf denen der jeweilige Stand des Projekts vorgestellt wurde, wurden die Projektmitglieder aufgefordert, verschiedene Varianten zu entwickeln und dem Projektausschuß zur Entscheidung vorzulegen.

Interessen und Konflikte: Innerhalb des Projekts gab es Diskussionen über die verschiedenen Varianten. Dabei ist es zu keiner eindeutigen Empfehlung gekommen. Die Projektmitglieder sind sich jedoch darüber einig, daß sich die Vor- und Nachteile der drei Varianten ausgleichen, so daß sie jede Entscheidung des Projektausschusses akzeptieren können. Es bleibt abzuwarten, ob die Vertreter der Fachabteilungen das auch so sehen.

Situation: Für die Entscheidungssitzung steht ein Nachmittag zur Verfügung. Die Teilnehmer kennen sich aus den früheren Sitzungen und sind mit der Materie vertraut.

Anmerkungen: Es handelt sich hierbei um die Abschlußphase des unter dem Titel "Projektarbeit" vorgestellten EDV-Projekt. Zum Thema "Projektorgansation" vergl. Siemens, Organisationsplanung. (Vergl. Literaturhinweise)

Phasen	Moderationsschritt	Plakat	Zeit

Anwärmen   Begrüßung durch den Projektleiter   14.00-14.10
1-Punkt-Frage: 1 vorbereit.
Plakat

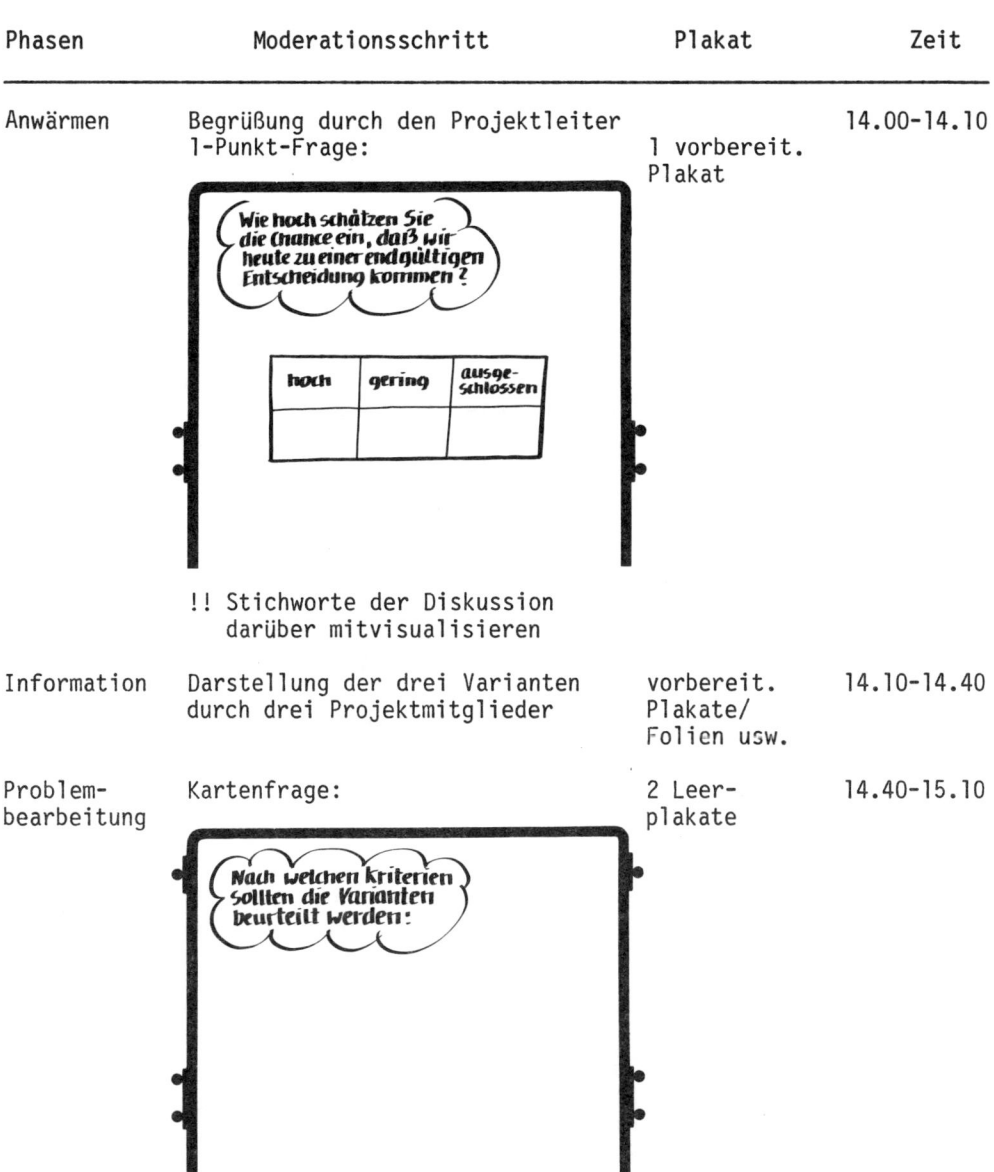

!! Stichworte der Diskussion
   darüber mitvisualisieren

Information   Darstellung der drei Varianten   vorbereit.   14.10-14.40
durch drei Projektmitglieder   Plakate/
Folien usw.

Problem-   Kartenfrage: 2 Leer-   14.40-15.10
bearbeitung   plakate

Karten mit der Gruppe sortieren
Überschriften in Kriterienspei-   1 vorbereit.
cher eintragen   Speicher

Bewerten:
"Welche Kriterien müssen auf jeden
Fall erfüllt sein?"

Phasen	Moderationsschritt	Plakat	Zeit

Kleingruppenarbeit: 1 Beispiel-   15.10-15.45
(Zuwahl nach Interesse)   Scenario
Je eine Kleingruppe nimmt sich
ein Kriterium vor und arbeitet
nach folgendem Scenario:

Welche Bedeutung hat dieses Kriterium für mich:

Wie kann dieses Kriterium operationalisiert werden:

wie erfüllen die Varianten dieses Kriterium:

unser Vorschlag inbezug auf dieses kriterium:

Vorstellung der Kleingruppen-   15.45-16.15
ergebnisse
Moderatoren visualisieren Argu-   3 Leer-
mente und Gegenargumente mit   plakate

Pause   16.15-16.30

Phasen	Moderationsschritt	Plakat	Zeit

Entscheidung   Vorentscheidung: 16.30-16.45
Auf einem Flipchart stehen unter-
einander die Alternativen A,B,C
Jeder Teilnehmer erhält einen
Klebepunkt und klebt ihn hinter die
von ihm bevorzugte Alternative.

Fällt die Entscheidung noch nicht
eindeutig aus, bildet jeder Teilnehmer seine individuelle Rang-
reihe. Er erhält 6 Klebepunkte,
die er auf die drei Alternativen
verteilen kann (1. Wahl = 3 Punkte
usw.)

Die Variante mit den meisten Punkten wird weiterverfolgt. Diejenigen Teilnehmer, die noch nicht zufrieden sind, formulieren per
Zuruf Zusatzforderungen, so daß
diese Variante auch von ihnen
akzeptiert werden kann.

Abschluß   1-Punkt-Frage:

Bemerkungen: 1. Gegebenenfalls müssen mehrere Kleingruppen-
durchläufe stattfinden, damit alle wichtigen Kri-
terien bearbeitet sind.

2. Sollte es auch bei diesem Verfahren zu keiner
Einigung kommen, müssen die Varianten insgesamt
überarbeitet werden. In jedem Fall sollte versucht
werden, auf Machtentscheidungen zu verzichten, da
sie in der Regel bei der Realisierung zu erhebli-
chen Widerständen führen.

	3.4.2
Titel:	Umsetzung von Entscheidungen
Anwendungfeld:	Realisierung von Entscheidungen, an denen die Betroffenen nicht selbst mitgewirkt haben.
Thema:	Umsetzung einer EDV-Entscheidung in einer Fachabteilung.
Teilnehmer:	1 Abteilungsleiter 8 Gruppenleiter der betreffenden Fachabteilung
Moderatoren:	ein Projektmitglied, das von der betreffenden Fachabteilung in das Projekt entsandt war, ein Organisationsentwickler

Vorgeschichte: Diese Moderation schließt an die vorhergehende Entscheidungsmoderation an. Eine Grundsatzentscheidung für eine Lösung ist gefallen, die Projektgruppe hat Zusatzwünsche in einem bescheidenen Umfang noch erfüllen können. Aber einige Wünsche der Fachabteilungen sind offen geblieben.

Ziele, Interessen und Konflikte: Bei dieser Moderation geht es um folgende Ziele:
a) die Mitarbeiter der Fachabteilung für die verabschiedete Lösung zu gewinnen,
b) Probleme bei der Realisierung kennenzulernen,
c) die Verantwortung für die einzuleitenden Maßnahmen soweit wie möglich auf die Mitarbeiter der Fachabteilung zu übertragen.

Die Mitglieder der Projektgruppe haben das Interesse, ihr Projektergebnis möglichst reibungslos an die Fachabteilungen zu übergeben, um das Projekt abschließen zu können.
Der Abteilungsleiter möchte die Umstellungszeit so kurz wie möglich halten, so daß seine Abteilung so schnell wie möglich wieder voll funktionsfähig ist.
Die Mitarbeiter haben einen inneren Widerstand gegen Neuerungen, versprechen sich andererseits eine bessere Kommunikation mit den Nachbarabteilungen.

Situation: Die Mitarbeiter wissen, daß eine endgültige Entscheidung gefallen ist. Sie sind eingeladen, um informiert zu werden. Ihnen ist auch zugesagt worden, daß sie an der Umsetzung aktiv mitarbeiten können.

Phasen	Moderationsschritt	Plakat	Zeit
Anwärmen	Begrüßung der den Abteilungs-leiter		9.00- 9.05
	1-Punkt-Frage:	vorbereit. Plakat	9.00- 9.15

Von der neuen Auftragsabwicklung verspreche ich mir:

mehr

Arbeit

weniger / schlechter — Zusammenarbeit mit anderen Abteilungen — besser

!! Erläuterungen durch Zuruf
!! Gruppe interpretieren lassen

Information	Der Moderator aus der Fachabtei-lung stellt die Projektergebnisse vor. Dabei gibt er einen Über-blick über das Gesamtprojekt und behandelt besonders die Auswirkungen auf diese Abteilung	Visualisie-rungen auf Plakaten oder Folien	9.15- 9.35
Informa-tionsver-arbeitung	Kartenfrage:	2-3 Plakate	9.35-10.15

Fragen, Probleme, Wünsche.....

Phasen	Moderationsschritt	Plakat	Zeit
	Karten mit der Gruppe gemeinsam sortieren. Probleme und Wünsche in Problemspeicher eintragen, Informationsfragen <u>nach</u> dem Sortieren sofort beantworten	Problem-speicher	10.15-10.30

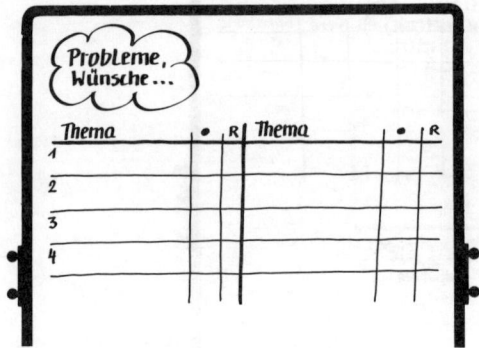

Bewerten:
Bewertungsfrage: "Welche Punkte müssen wir gemeinsam klären?"

Kleingruppenarbeit, Zuwahl zur Kleingruppe nach Interesse am Thema.   10.30-11.15

Kleingruppenscenario: ein Beispiel-
                                          plakat

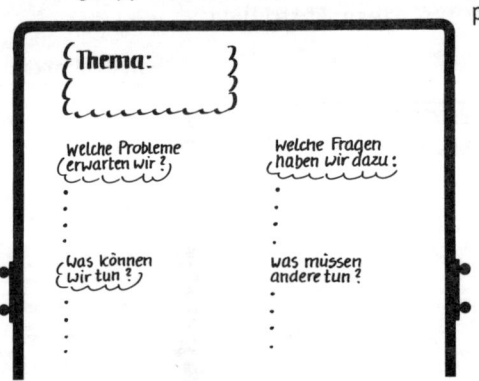

Präsentation der Kleingruppen-   11.15-12.00
ergebnisse
Beantworten der offenen Fragen

Phasen	Moderationsschritt	Plakat	Zeit

Handlungs-   Eintragen der Vorschläge in den   Tätigkeits-
orientierung   Tätigkeitskatalog   katalog

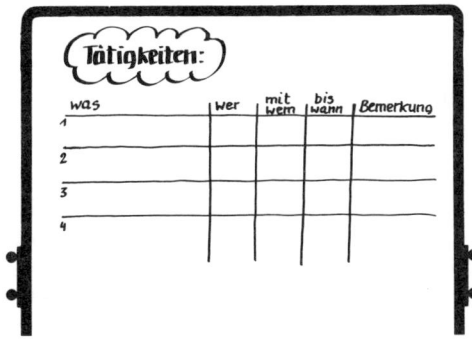

Überprüfen des Tätigkeitskata-   12.00-12.20
logs, ob die Aktivitäten die Zu-
stimmung der Gruppe finden

Schlußfrage: 12.20-12.30

Dank und Abschluß durch den
Abteilungsleiter

Bemerkung: Sollten die Probleme durch einen Kleingruppen-
durchlauf nicht ausreichend bearbeitet sein, muß
entweder die Moderation verlängert oder ein weite-
rer Termin angesetzt werden.

3.5.1

Titel:	Moderation im Unterricht

Anwendungsfeld: Schule
Thema: "Chile" im Geographieunterricht
Teilnehmer: 26 Schüler einer 7. Klasse Realgymnasium
                (Diese Moderation fand in Österreich statt. Die
                Klasse entspricht einem 11. Schuljahr in
                Deutschland)
Moderator: einer der Schüler

Vorgeschichte: Die Schüler haben nach vielen Diskussionen mit
                ihren Lehrern für eine Woche ein Projekt mit dem
                Titel "Schüler unterrichten Schüler" durchgesetzt.
                Das Projekt ist vor allem bei den Lehrern sehr
                umstritten. Der Kampf um die Stunden war zäh. Ein
                Schüler, der die ModerationsMethode kennt, hat
                sich intensiv auf das Projekt "Chile" vorbereitet.

Interessen und Lehrer: glauben nicht daran und sehen ihren Status
Konflikte   gefährdet.
                Schüler: haben es durchgesetzt und gehen zum Teil
                mit großem Elan daran. Sie sind jedoch sehr unsi-
                cher über Methoden und Inhalte, da sie sich daran
                gewöhnt haben, alles vorgesetzt zu bekommen.
                Der Moderator: ist am Thema engagiert und an der
                Methode. Er will beweisen, daß die ModerationsMe-
                thode interessant und effektiv ist.

Situation: 45 Minuten einer Geographiestunde. Es ist die
                vierte Stunde und die Schüler sind wie gewohnt
                schläfrig. Der Aufbau des ungewohnten Materials
                macht sie neugierig.

84

Phasen	Moderationsschritt	Plakat	Zeit
Anwärmen	1-Punkt-Frage:	1 vorbereit. Plakat	10.45-10.50

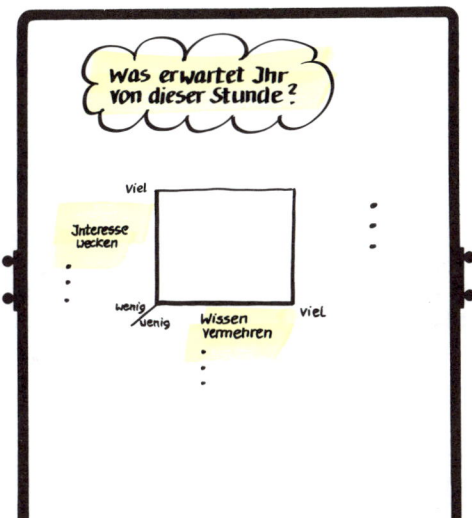

Durch Zuruf erläutert die Gruppe
ihre Punkte, und es wird klar,
was sie unter "Interesse" und
"Wissen" verstehen

Informations-vermittlung	Der Moderator gibt eine kurze Einführung zum Thema: "Geschichte und gegenwärtige Situation Chiles" (die wichtigsten Thesen sind visualisiert)	1 vorb. Plakat	10.50-11.00

Phasen	Moderationsschritt	Plakat	Zeit
Problem-orientierung	Erstellen eines Themenspeichers "Zu welchen Themen wollt Ihr etwas wissen?" (2-3 Themen stehen als Anreiz auf der Liste)	1 vorb. Liste	11.00-11.05
	Bewertung: "Worauf sollen wir uns in dieser Stunde konzentrieren?"		11.05-11.10

⇒ Auswertung wie? (Abstimmen?)

vertiefte Information	Zu den drei Schwerpunkten aus der Bewertung gibt es je Thema 5-Min.-Kurzvorträge, deren wichtigste Thesen mitvisualisiert werden.	3 Leer-✳ plakate	11.10-11.25
Abschluß	1-Punkt-Frage: (dasselbe Plakat wie am Anfang, geklebt wird mit anderer Punktfarbe) "Wie war es?"	1 Plakat	11.25-11.30

wirklich dasselbe; macht es Sinn, wenn Punkte dazugeklebt werden?

Auswirkungen:

Es gab gutes Feedback für diese Stunde. Die Schüler meinten einhellig, daß durch die aktive Teilnahme ihr Interesse gestiegen sei und sie sich auch wie von selbst mehr gemerkt hätten. In der Folge führte das zu mehr und bewußterer Kritik am Normalunterricht, der selbst für den Zweck der Wissensvermittlung als unzureichend erkannt wurde. Die Schüler diskutierten mehr und mehr über die Möglichkeit eines "moderierten Projektunterrichts". Die Lehrer kamen unterschiedlich gut mit dieser konstruktiven Kritik an ihrem Unterricht zurecht.

✳ Dh. die 5-Min-Kurzvorträge werden aus dem Hut gezaubert?

86

	3.5.2
Titel:	Die Schülervertretung stellt sich vor
Anwendungsfeld:	Transparenz einer Interessenvertretung
Thema:	Was kann/was soll die Schülervertretung leisten?
Teilnehmer:	30 Schüler, eine Klasse der Unterstufe des Gymnasiums, um die 13 Jahre alt.
Moderatoren:	2 Schülervertreter
Vorgeschichte:	Eine Schülervertretung ist mit dem Programm gewählt worden, mehr für die echten Bedürfnisse der Schüler zu tun und nicht nur zu taktieren.
Ziele, Interessen:	Die Schülervertreter wollen Kontakt mit den Schülern herstellen, sie wollen helfen, die Bedürfnisse der Schüler sichtbar zu machen. Die Schüler sind passiv und ergeben sich in das, was ihnen von der Schule vorgesetzt wird. Sie sind es nicht gewöhnt, gefragt zu werden.
Situation:	Ein Lehrer hat bereitwillig eine Stunde für die Schülervertretung zur Verfügung gestellt. Die ModerationsMethode ist den Schülern unbekannt.

Phasen	Moderationsschritt	Plakat	Zeit
Anwärmen	Ein-Punkt-Frage:	1 vorbereit. Plakat	10.45-10.50

	Kommentar durch Zuruf: "Was steckt dahinter?"		
Problem- orientierung	Jeder einzelne überlegt für sich, womit sein positives/negatives Befinden zusammenhängt		10.50-10.55
	Zuruffrage: "Womit hängt das zusammen Moderator visualisiert mit	1 Leer- plakat	10.55-11.05
	Themen, die zusammengehören, werden mit einer Farbe (Filzstift, Punkt) gekennzeichnet. !! auf Entscheidung der Gruppe		11.05-11.10

Phasen	Moderationsschritt	Plakat	Zeit
Problem- diskussion	Zwei Hauptthemen werden offen diskutiert: Die Beziehungen Lehrer-Schüler und Schüler-Schüler	1 Leer- plakat	11.10-11.20
	Zuruffrage: "Welche Möglichkeiten habt Ihr, auf diese Beziehungen einzuwirken?"	1 Leer- plakat	11.20-11.25
Information	Kurzinformation über die Schüler- vertretung * Was machen wir * Wie können wir euch helfen?		11.25-11.30

Bemerkungen:

Die Schüler waren lebhaft und interessiert.
Die Anteilnahme dieser Klasse an der Schülerver-
tretung war seit dieser Moderation deutlich leb-
hafter und stärker als die der nicht moderierten
Klassen.

3.5.3

Titel: Lehrer-Schüler-Gespräch

Anwendungsfeld: Gremienarbeit mit unterschiedlichen Interessens-
gruppen

Thema: Auseinandersetzung über unterschiedliche pädagogische Vorstellungen

Teilnehmer: 10 Lehrer, einschließlich Direktor und
15 Schüler eines Gymnasiums

Moderatoren: 2 Schülervertreter

Vorgeschichte: In der Schule gibt es regelmäßig (zweimal jährlich) eine pädagogische Konferenz der Lehrer. Die
Schülervertreter wollten teilnehmen, da es viele
Konflikte in pädagogischen Haltungen und Maßnahmen
in der Schule gibt. Der Direktor lehnte ab, bot
aber ein freies Gespräch zwischen Lehrern und
Schülern zu diesem Thema an.

Interessen und
Konflikte: Die pädagogische Konferenz behandelt normalerweise
Themen wie Aufsichtspflicht, Pünktlichkeit, ge-
setzliche Bestimmungen, Disziplin usw. Die Schüler
wollten andere Themen einbringen, die normalerweise zu kurz kommen, z.B. Sinn von Strafen, Ge-
sprächston zwischen Lehrern und Schülern, was
fördert Disziplin usw. Nach Ansicht der Schüler
gibt es keine sinnvolle Pädagogik an der Schule.
Die Lehrer scheuen den Konflikt.
Wegen des Projekts "Schüler unterrichten Schüler"
(s. Ablauf "Moderation im Unterricht") gibt es
unter den Lehrern einige Widerstände gegen die
Methode.

Situation: Die Schülervertreter haben zu einer Diskussion am
Nachmittag in die Schule eingeladen und eine Moderation vorbereitet.

Phasen	Moderationsschritt	Plakat	Zeit
Anwärmen	Blitzlicht im Kreis Fragen: * "Mit welchen Gefühlen bin hergekommen?" * "Was erwarte ich mir von dem heutigen Nachmittag?" !! Auf Blitzlichtregeln achten	1 Plakat mit den Regeln	15.00-15.15

Ein-Punkt-Frage: 1 vorb.   15.15-15.20
                                                     Plakat

Durch Zuruf werden die
Punkte erläutert.

| Problem-
orientierung | Themensammlung durch Zuruf | 1 vorbereit.
Liste | 15.20-15.30 |

Phasen	Moderationsschritt	Plakat	Zeit

Bewertung: 15.30-15.35
"Was ist für mich das wichtigste
in dieser Gruppe?"

Problem-   Kleingruppenbildung nach   1 vorbereit.   15.35-16.20
bearbeitung Themeninteresse   Plakat
             Kleingruppenarbeit nach
             folgendem Scenario:

Vorstellung der Kleingruppen-Resul-   16.20-17.20
tate (mit lebhaften bis heißen
Diskussionen)

Abschluß   Ein-Punkt-Frage: 17.20-17.30
             Das Plakat der Einstiegsfrage, nun
             mit der Frage versehen:
             "Wie war es denn?"

             Durch Zuruf wurden die Punkte
             erläutert. Das Feedback zeigte
             eine bgeisterte Zustimmung dei den
             Schülern, eine sehr positive bei
             bei den Lehrern

Bemerkungen: Als Folge gab es einige konkrete Veränderungen, z.B. individuell verabredetes Duzen zwischen Lehrern und Schülern, weniger sinnlose Strafen. Das bessere Kennenlernen zwischen diesen Schülern und Lehrern trug zu einer fröhlichen und lockeren Stimmung auch in den Unterrichtsstunden dieser Lehrer bei.

3.6.1

Titel:	Moderierte Lernveranstaltung in der Universität/Hochschule
Anwendungsfeld:	Durchführung eines eineinhalbstündigen Seminars zu Beginn des Semesters
Thema:	Themenwahl und Gestaltung von Referaten in einem Hochschulseminar
Teilnehmer:	1 Dozent(in) bis zu 15 Teilnehmer mit einer Variante für mehr als 15 Teilnehmer
Moderator:	der Dozent/die Dozentin

Vorgeschichte: Ein Dozent ist unzufrieden mit dem Engagement der Studenten am Beginn eines Seminars. Die Referatverteilung verläuft schleppend, im Laufe des Semesters kommen immer wieder Studenten in die Sprechstunde, mit denen er einzeln offene Fragen der Referatgestaltung durchsprechen muß.

Ziele, Interessen
und Konflikte: Der Dozent möchte einen schwungvolleren Einstieg in das Seminar erreichen. Ihn stört es, daß die Studenten eher formale Fragen (z.B. zum Aufbau von Referaten und Protokollen, zur Scheinvergabe usw.) haben, statt sich mit dem Inhalt zu beschäftigen. Studenten interessiert am Anfang des Semesters eher ihr Semesterplan, d.h. wann, mit welchem Aufwand und zu welchen Bedingungen sie einen Schein erwerben können. Diese unterschiedlichen Interessen führen leicht zu Mißverständnissen, die das ganze Semester belasten können.

Situation: Es ist die erste Seminarstunde des Semesters, eine Doppelstunde, also eineinhalb Zeitstunden. Das Seminar beginnt um 14.15 Uhr und endet um 15.45 Uhr.

Phasen	Moderationsschritt	Plakat	Zeit
Anwärmen ①	Begrüßung durch den Dozenten, Vorbereitung der Gruppe auf eine neue Methode		14.15-14.20
②	1-Punkt-Frage: ✳	1 vorbereit. Plakat	14.20-14.25

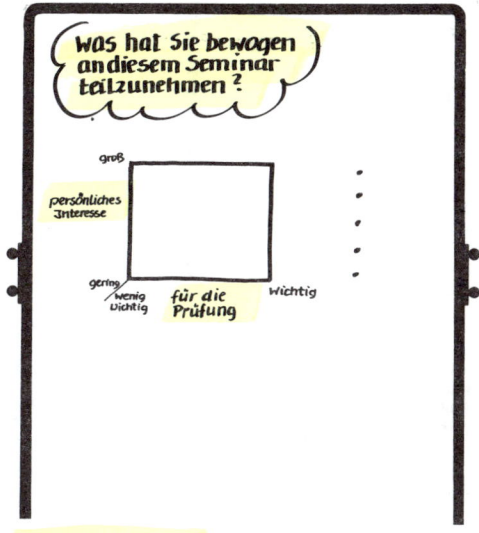

③	Kurzreferat: Einführung in die Thematik des Seminars mit unterstützender Visualisierung	vorbereit. Plakat	14.25-14.35

✳ Wenn die 1-Punkt-Frage nur gestellt, aber nicht ~~dort~~ mit den Teilnehmern besprochen wird, welche Bedeutung hat sie dann?

Phasen	Moderationsschritt	Plakat	Zeit

Referat-
verteilung ④   Zuruffrage: "Wer möchte welches   vorbereit.   14.35-14.45
Referat übernehmen?"   Plakat

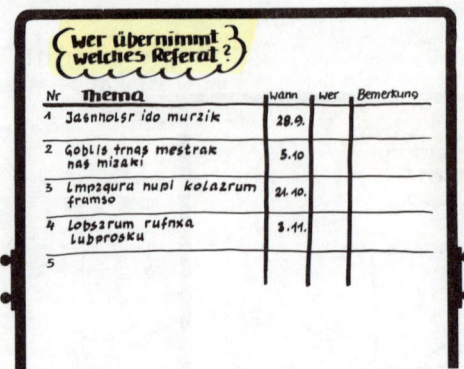

Problem-   Kartenfrage mit zwei Kartenfarben: 2 Leer-   14.45-15.00
bearbeitung   plakate
zum Sortieren

⑤

Farbe a: formal
Farbe b: inhaltlich

Phasen	Moderationsschritt	Plakat	Zeit

⑥ Fragen getrennt nach Farben mit der Gruppe sortieren

15.00-15.20

⑦ Fragen beantworten. Dazu folgendes Plakat benutzen und Antworten mitvisualisieren.

1 vorbereit. Plakat

15.20-15.40

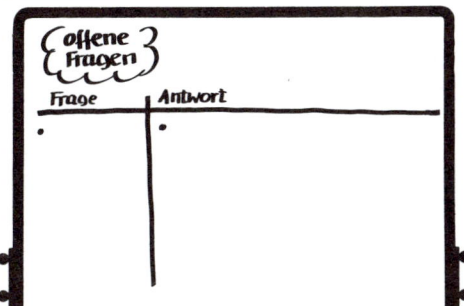

Anmerkung:
Inhaltliche Fragen gegebenenfalls den einzelnen Referatthemen zuordnen

Abschluß ⑧ 1-Punkt-Frage:

1 vorbereit. Plakat

15.40-15.45

Phasen	Moderationsschritt	Plakat	Zeit

Variante bei mehr als 15-20 Teilnehmern:

Problem-
bearbeitung

Zur Kartenfrage ("Was müssen wir
hier klären, damit wir an die
Arbeit gehen können?") spontane
Kleingruppen bilden (2-4 Personen
je Gruppe), die gemeinsam Karten
schreiben.
Mit den von den Kleingruppen
abgegebenen Karten verfahren wie
oben.

Bemerkungen:

1. Diese Vorgehensweise ist geeignet für diskus-
sionsorientierte Seminare, bei denen die Diskussion durch Teilnehmerreferate eingeleitet wird.
Für Seminare, die eher schulischen Charakter haben, bietet sich eher ein Ablauf an, wie er unter
"Moderation im Unterricht" (3.4.1) beschrieben
ist.

2. Bei Seminaren, in denen die Themen erst gesam-
melt werden sollen, kann ähnlich verfahren werden.
Dann sollte allerdings keine Vorgabe gemacht wer-
den, wie hier unter Schritt 4 vorgeschlagen wird.
Stattdessen kann die Kartenfrage in Schritt 5 zur
Themensammlung benutzt werden. Es ist allerdings
fraglich, ob eineinhalb Stunden für einen solchen
Prozeß reichen. Eine Alternative dazu bietet der
Ablauf "Projektarbeit" (3.2.2).

	3.6.2
Titel:	Diskussion eines Referats
Anwendungsfeld:	Hochschule/Universität
Thema:	Effizientere Gestaltung der Diskussion nach einem Referat
Teilnehmer:	1 Dozent(in) bis zu 20 Teilnehmer
Moderatoren:	der referierende Student/die referierende Studentin und der Dozent(in)

Vorgeschichte: Von Dozenten wie von Studenten wird die Diskussion von Referaten meist als unbefriedigend erlebt: es beteiligen sich nur wenige, die Diskussion springt scheinbar wahllos von einem Punkt zum anderen, es kann nur schwer zwischen Verständnisfragen und Diskussionsbeiträgen unterschieden werden. Dadurch werden Seminare nicht nur langweilig, der Lerneffekt ist auch minimal.

Ziele und Interessen: Sowohl der referierende Student wie der Dozent haben ein Interesse daran, daß das Referat in seinem vollen Umfang diskutiert wird. Das gleiche Interesse haben Studenten, die inhaltlich engagiert sind. Das Bemühen um eine fruchtbare Diskussion wird wesentlich dadurch erschwert, daß die Diskussion nicht strukturiert erfolgt. Will der Dozent nicht die Struktur selbst vorgeben - und damit die Studenten passivieren -, muß er ihnen die Möglichkeit geben, selbst den roten Faden der Diskussion zu spinnen.

Anmerkung: Der referierende Student sollte die Hauptpunkte seines Referats auf einem Flip-Chart oder an der Tafel visualisieren. Das erleichtert den Teilnehmern, dem Referat zu folgen. Ein Referat sollte nie länger als 20 Minuten dauern und möglichst frei gehalten werden, damit der Referent Augenkontakt mit den Teilnehmern halten kann.

Situation: Eine beliebige Seminarstunde im Laufe des Semesters. Sie beginnt um 14.15 Uhr und endet um 15.45 Uhr.

Phasen	Moderationsschritt	Plakat	Zeit
Anwärmen	Ein-Punkt-Frage:	1 vorbereit. Plakat	14.15-14.20

Phasen	Moderationsschritt	Plakat	Zeit
Themen-bearbeitung	Referat durch den/die Studenten/in . Währenddessen werden die andere Studenten aufgefordert, alle Punkte, die sie fragen oder in der Diskussion ansprechen wollen, auf Karten mitzuschreiben.	Plakat m. Hauptpunkten	14.20-14.40
	Die Studenten werden gebeten, ihre drei wichtigsten Karten abzugeben		14.40-14.45
	Die Karten werden mit der Gruppe Gruppe gemeinsam sortiert	2 Leer-plakate	14.45-15.05
Diskussion	Die Teilnehmer bekommen Selbst-klebepunkte, die sie an die für sie wichtigsten Klumpen kleben		15.05-15.10
	Die Diskussion beginnt bei dem am höchsten bewerteten Klumpen.		15.10-15.40
Abschluß	Hinweis auf das nächste Thema durch den Dozenten. Die Studenten werden gebeten, sich auf Karten Fragen zu notieren, die sie in der nächsten Stunde einbringen wollen.		15.40-15.45

Varianten: 1. Wenn Zeit und Teilnehmerzahl es zulassen, kann
                    die Sitzung auch mit einem Blitzlicht enden mit
                    der Frage "Was war mir heute wichtig?"

                    2. Während der Diskussion können die wichtigsten
                    Ergebnisse mitvisualisiert werden. Das kann hilf-
                    reich für ein eventuelles Protokoll sein.

                    3. Nicht (ausreichend) diskutierte Fragen können
                    ggf. vom nächsten Referenten in sein Referat ein-
                    gebaut werden.

Bemerkungen: Der vergleichsweise hohe Zeitaufwand für die
                    strukturierenden Moderationsschritte wird erfah-
                    rungsgemäß durch konzentrierteres Zuhören und
                    gezieltere Diskussionsbeiträge wettgemacht.

	3.7.1
Titel:	Erfahrungsaustausch unter Ergotherapeuten
Anwendungsfeld:	Erfahrungsaustausch
Thema:	Meine Rolle als Ergotherapeut(in) im psychiatrischen Team
Teilnehmer:	12 Ergotherapeuten aus dem Fachbereich Psychiatrie
Moderatoren:	2 Ergotherapeutinnen

Vorgeschichte: Bei der jährlich stattfindenden Tagung des "Mannheimer Kreises", einer Einrichtung der Sozialpsychiatrie, sollten Ergotherapeutinnen und -therapeuten (ET) die Möglichkeit haben, in einem eigenen Erfahrungsaustausch ihre Arbeit im psychiatrischen Team zu reflektieren. Diese Teams bestehen aus den verschiedenen Mitarbeitern einer psychiatrischen Station (Ärzte, Stationsschwestern, Pfleger, Psychologen usw.)

Ziele, Interessen und Konflikte: Die Teilnehmer(innen) sollen die ModerationsMethode kennenlernen, indem sie sie für ihren Erfahrungsaustausch nutzen. Es zeigte sich, daß nicht alle daran interessiert waren, sondern lieber eine psychiatrische Abteilung am Veranstaltungsort besichtigen wollen.

Situation: Am Vormittag hatte eine zähe Diskussion darüber stattgefunden, wie dieser Tag sinnvoll zu nutzen ist. Nach langem Ringen stimmte eine Mehrheit für den Erfahrungsaustausch, eine Minderheit wollte die psychiatrische Abteilung besichtigen. Die Minderheit schloß sich für den Nachmittag zunächst der Mehrheit an, war aber mit dieser Lösung nicht zufrieden.

Diese Diskussion war konventionell, d.h. ohne Moderation, geführt worden.

Phasen	Moderationsschritt	Plakat	Zeit
Anwärmen	1-Punkt-Frage:	vorbereit. Plakat	15.00-15.10

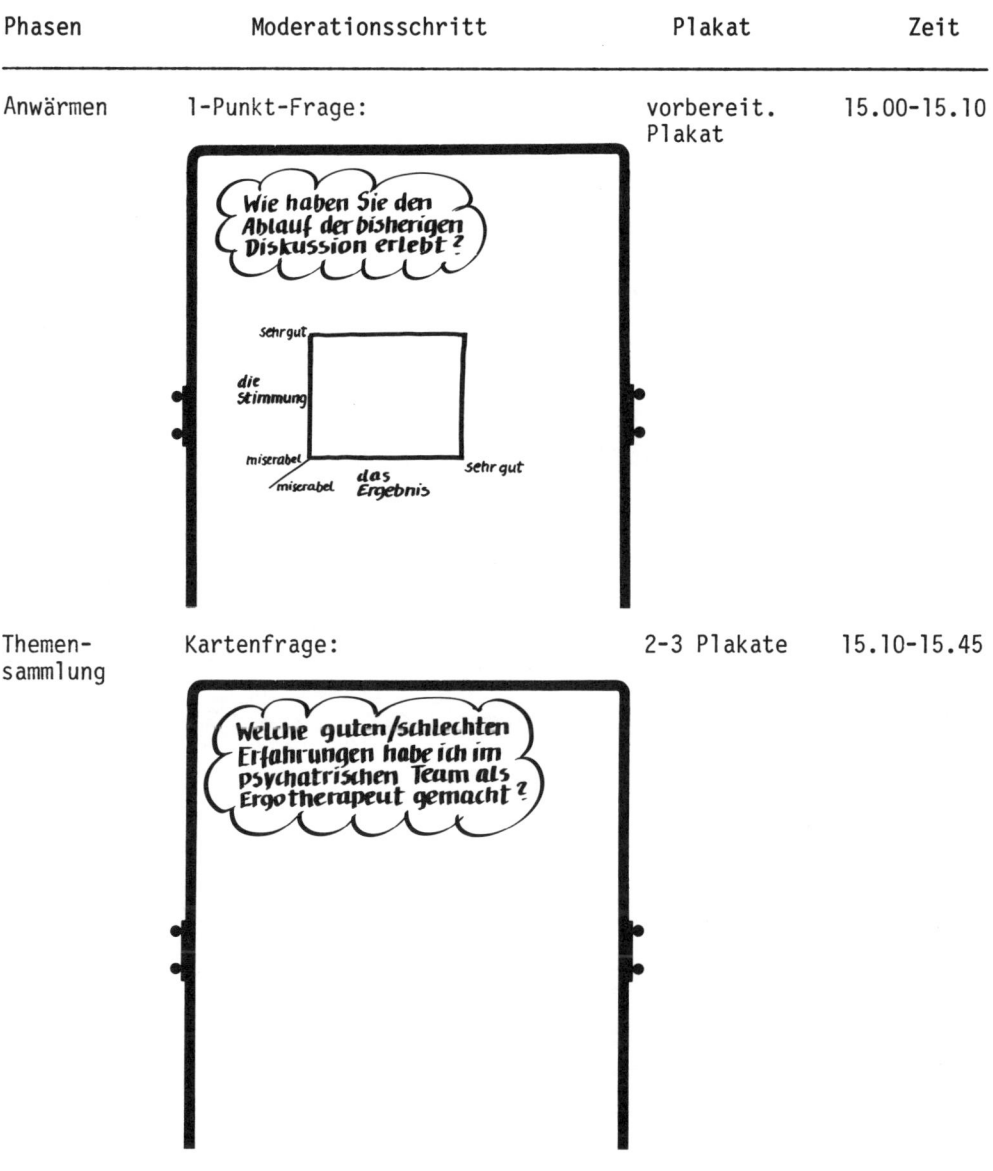

Themen- sammlung	Kartenfrage:	2-3 Plakate	15.10-15.45

!! Sortieren der Karten mit der
Gruppe gemeinsam

| | Eintragen der Themenkreise in Themenspeicher: | Themen-speicher | 15.45-16.00 |

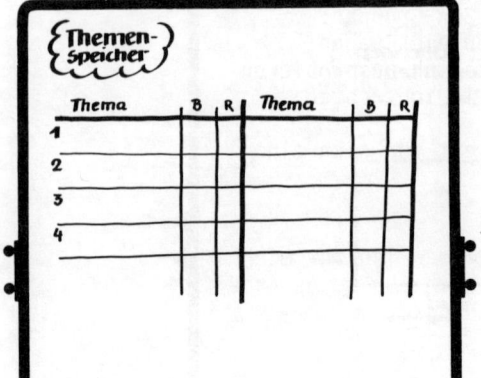

Bewerten:
"Was möchte ich am dringlichsten mit diesen Kollegen hier be-sprechen?"

Die am höchsten bewerteten Themen werden für die Kleingruppen-arbeit ausgewählt. Die Zuwahl zu den Kleingruppen erfolgt nach Interesse.

| Themen-bearbeitung | Kleingruppenarbeit nach folgen-dem Scenario: | ein Beispiel-plakat | 16.00-16.45 |

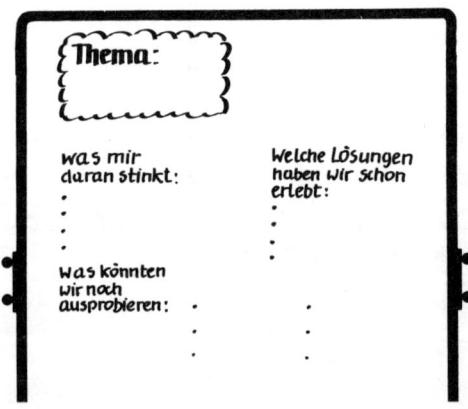

| | Pause | | 16.45-17.00 |

Phasen	Moderationsschritt	Plakat	Zeit
	Präsentation der Kleingruppen-ergebnisse		17.00-17.45
Handlungs-orientierung	Bildung von 2er-Gruppen: Gespräch über die Fragen: * was möchte ich ausprobieren * worauf will ich achten Jede(r) notiert für sich <u>eine</u> Antwort		17.45-18.15
Abschluß	Blitzlicht: * Wie war dieser Tag für mich * Was nehme ich für meine Arbeit mit nach Hause.		

Bemerkung: Die Minderheitengruppe, die lieber eine Abteilung besichtigen wollte, tat dies während der Klein-gruppenarbeit. Sie berichtete dann während der Präsentation über ihre Besichtigung, so daß auf diese Weise alle Interessen befriedigt werden konnten.

	3.8.1
Titel:	Familie

Anwendungsfeld:	Problemlösung im Privatbereich
Thema:	Gestaltung der Ferien
Teilnehmer:	Mutter, Vater, 3 Kinder (12, 10, 8 Jahre)
Moderator:	Mutter

Vorgeschichte: Die letzten Ferien haben alle Familienmitglieder als nicht genügend abgestimmt erlebt. Jeder glaubte, auf die anderen Rücksicht genommen zu haben, ohne genau zu wissen, was jeder wollte. Es blieb am Ende der Ferien ein Unbehagen auf allen Seiten.

Ziele, Interessen und Konflikte:

1. Der Vater möchte einen ruhigen Urlaub verbringen, er möchte viel lesen, selber häufiger kochen und wenig fremde Menschen um sich haben.

2. Die Mutter erhofft Entlastung bei der notwendigen Hausarbeit und der Kinderbetreuung. Sie möchte viel lesen und Zeit haben für alte und neue Kontakte.

3. Die Kinder möchten mit Freunden zusammensein und mit den Eltern ab und zu etwas zusammen unternehmen.

Situation: Die Familie trifft sich, um über die Gestaltung der verschiedenen Ferien im Jahr zu sprechen.

Phasen	Moderationsschritt	Plakat	Zeit
Anwärmen	Ein-Punkt-Frage:	vorbereit. Plakat	14.00-14.15

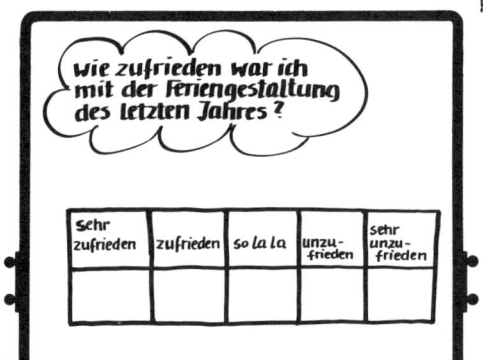

Zurufe zu den einzelnen Punkten
mitvisualisieren

!! Vorsicht: Nicht selbst interpretieren.

	Präsentation eines Kalenders, in dem alle Ferien der Kinder eingetragen sind.	ein großer Kalender	14.15-14.20
Problem-orientierung	Kartenfrage:	vorbereit. Plakat	14.20-14.35

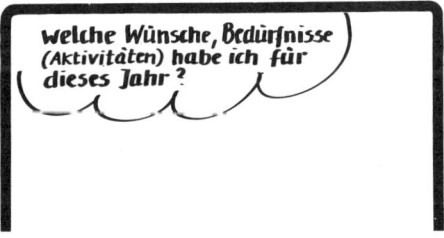

!! Karten von Familienmitgliedern
   zuordnen lassen.

Phasen	Moderationsschritt	Plakat	Zeit
	Wünsche-Speicher erstellen	vorbereit. Plakat	14.35-15.30
	Bewertung: "Was wollen wir gemeinsam tun?" oder: "Worüber müssen wir uns einigen ?"		
Problem-diskussion	Diskussion über die höchstbewerteten Wünsche		
	Fragen zur weiteren Bearbeitung: * Wann und wo kann/will ich das .... machen ? * Mit wem möchte ich das machen ? * Was kostet das voraussichtlich ? * Was müssen wir noch klären, um entscheiden zu können ?		
Handlungs-orientierung	Tätigkeitskatalog erarbeiten: "Wer klärt was bis wann ?"	DIN A4 Blatt	15.30.15.45
	Ein-Punkt-Frage:		

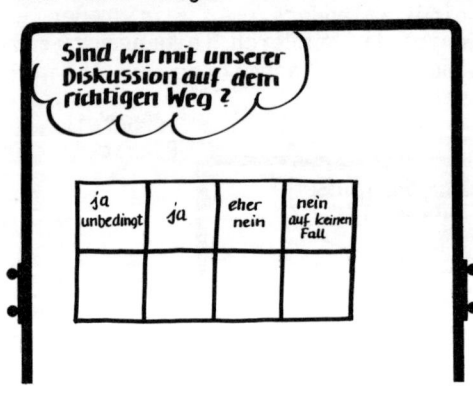

Sind wir mit unserer Diskussion auf dem richtigen Weg ?

| ja unbedingt | ja | eher nein | nein auf keinen Fall |

Dank und Ende   15.45

Titel:	3.8.2 Frauencafé
Anwendungsfeld: Thema:	Arbeitsorganisation/Teamarbeit Wie können wir so zusammenarbeiten, daß das Café läuft und wir uns wohl fühlen
Teilnehmer: Moderator:	8 Frauen, die sich kennen eine externe Moderatorin
Vorgeschichte:	Das Frauencafé läuft schon eine Weile und ist auch gut besucht. Doch es gibt immer wieder Probleme mit der Organisation, dem Einkauf, der Werbung, der Bedienung. Es gibt auch viel Frustration unter den mitarbeitenden Frauen.
Ziele,Interessen und Konflikte:	Es gibt zwei Hauptgruppierungen unter den Frauen, die sich darin unterscheiden, wie sie mit dem Publikum umgehen, welches sie fördern wollen, welche Ausstrahlung mit welchem Comfort das Café haben soll. Außerdem fehlt es an der Konstanz der Arbeit wegen der häufig wechselnden Frauen in der Gruppe ("die Alten", "die Neuen"). Manche kümmern sich mehr, arbeiten mehr als andere.
Situation:	Die Gruppe trifft sich in einem Raum außerhalb des Cafés, um einen Nachmittag und Abend ihre Probleme zu diskutieren.

Phasen	Moderationsschritt	Plakat	Zeit
Anwärmen	Begrüßung und Anlaß des Workshops, Funktion der Moderatorin		15.00-15.20
	Blitzlicht: "Wie geht es mir jetzt?" "Welche Erwartungen habe ich an diesen Workshop?"		
	Ein-Punkt-Frage:	1 vorbereit. Plakat	15.20-15.25

!! Kommentare durch Zuruf.
   Mitvisualisieren!

Phasen	Moderationsschritt	Plakat	Zeit

Problem-
orientierung

2erGruppen-Bildung:
"Suche die, mit der du am
wenigsten zusammen bist."
Kleinstgruppenarbeit mit
folgendem Scenario:

1 vorbereit.
Plakat

15.25-15.40

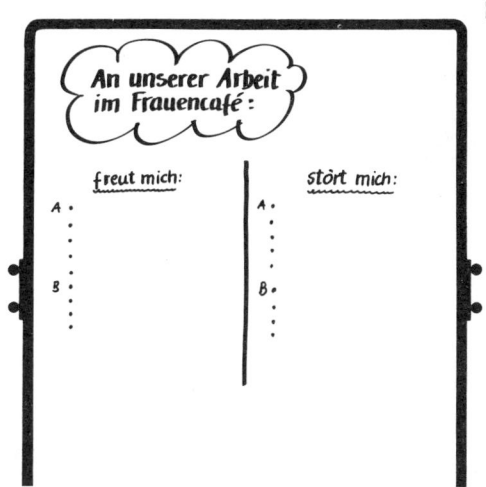

Vorstellen der Kleinstgruppen-
ergebnisse im Plenum
Speicher: "Probleme, Themen"

vorbereit.
Liste

15.40-16.00

Bewertung:
"Was müssen wir hier und heute
klären?"

16.00-16.05

Problem-
bearbeitung

Kleingruppenbildung nach Interesse
Kleingruppenarbeit mit
folgendem Scenario:

16.05-16.50

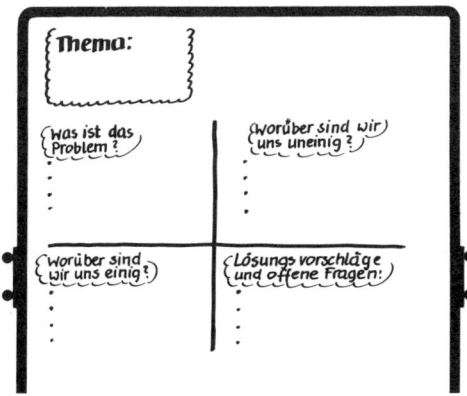

Phasen	Moderationsschritt	Plakat	Zeit
	Vorstellen der Kleingruppenergeb-nisse im Plenum		17.00-17.45
	Diskussion: Lösungsvorschläge schläge und weiterführende Fragen werden gesammelt	vorbereit. Liste	
	Ein-Punkt-Frage:	1 vorbereit. Plakat	17.45-17.50

Wieviel meiner Energie will ich in die Arbeit im Frauencafé stecken?

kommentare:

100%

50%

0%

!! Kommentare durch Zuruf

Phasen	Moderationsschritt	Plakat	Zeit
	Begegnungen in 2er-Gruppen:		17.50-18.20
	* "Was ich Dir schon immer mal sagen wollte."	1 vorbereit. Plakat	
	* "Was ich mir von dir wünsche."		
	* "Was ich dir zu geben bereit bin."		
	(3 x 10 Min.)		
	Blitzlicht:		18.20-18.30
	"Wie habt Ihr die Begegnung erlebt? Evtl. Regeln mitvisualisieren		
	Pause		18.30-19.00

112

Phasen	Moderationsschritt	Plakat	Zeit

Handlungs-
orientierung

Lösungsvorschläge zu Tätigkeiten:

19.00-19.30

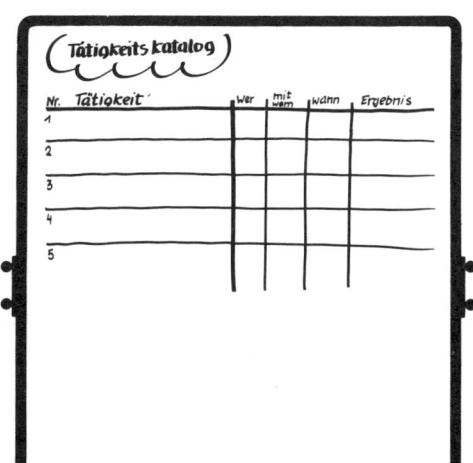

"Was passiert mit den offen
gebliebenen Fragen?

Abschluß   Blitzlicht: 19.30-20.00
              * "Was hat es für mich gebracht?
              * "Was hat es für unsere Arbeit
                im Café gebracht?"
              * "Wie geht es mir jetzt?"

Bemerkung: Die Frauen bestätigten nachher, daß sie in diesem
                              Workshop erstmals für sich klären konnten, wie-
                              viel Kraft sie für die Arbeit im Frauencafé auf-
                              wenden wollten. Das brachte mehr Klarheit in die
                              Zusammenarbeit. Einige Frauen reduzierten ihre
                              Arbeit stark, andere vermehrten ihren Teil. Eini-
                              ge der erarbeiteten Lösungen waren so konkret,daß
                              sie sofort eingeführt bzw. durchgeführt werden
                              konnten.

3.8.3

Titel: Initiative für ein Jugendzentrum

Anwendungsfeld: organisatorische und politische Beziehungen in
                      der Jugendarbeit
Thema: Planung eines Jugendzentrum in einem besetzten
                      Haus
Teilnehmer: 20 jugendliche Hausbesetzer
Moderator: Mitbesetzer, der Erfahrungen mit der Moderations-
                      Methode hatte und spontan zum Filzstift griff

Vorgeschichte: In einem Stadtteil soll ein Haus abgerissen wer-
                      den. Aktive Jugendliche hatten sich schon länger
                      für ein Jugendzentrum eingesetzt. Sie besetzten
                      das Haus und gleichzeitig das Büro des Bürgermei-
                      sters, um mit ihm zu dikustieren. Die Besetzung
                      verläuft friedlich.

Interessen und   Die Stadt will abreißen und einen Geschäftsneubau
Konflikte: errichten. Die Jugendlichen wollen ein stadtteil-
                      orientiertes Jugendzentrum. Die Polizei will Ruhe
                      und Ordnung.

Situation: Während der Besetzung diskutieren die Jugendlichen
                      die Einzelheiten der Lage und was sie überhaupt
                      wollen. Als die Diskussion beginnt, sehr chaotisch
                      zu werden, besorgt sich ein moderationserfahrener
                      Jugendlicher im benachbarten Papiergeschäft einige
                      Filzstifte, Packpapiere und Tesakrepp. Unter der
                      neugierigen Anteilnahme der Beteiligten werden die
                      Packpapiere an die Wände des besetzten Hauses
                      geklebt.

Phasen	Moderationsschritt	Plakat	Zeit
Themen-sammlung	Zuruffrage:	1 Liste	17.00-17.10

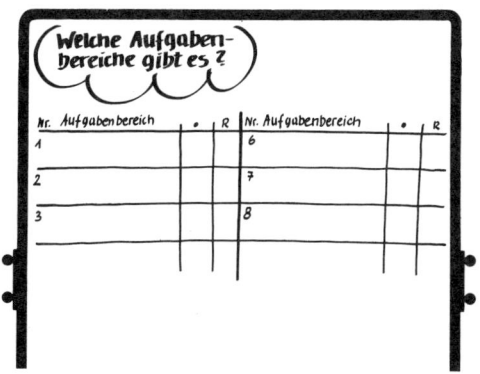

| | Bewertung:
"Womit müssen wir anfangen?"
(3 Schwerpunkte haben sich
herauskristallisert:
1) Der Weg durch die Instanzen
2) Welche Aktionen sind sinnvoll?
3) Konzept eines Jugendzentrums?
   - Was soll passieren?
   - wer soll es wie verwalten?) | | 17.10-17.20 |
| Themen-bearbeitung | Diskussion:
Zu allen drei Punkten wird
im Hausbesetzerplenum ein
Brainstorming gemacht, um den an-
schließenden Kleingruppen eine
Arbeitshilfe zu geben.
(Der Moderator visualisiert
nur mit) | 3-5 Leer-plakate | 17.20-17.50 |

Kleinguppenarbeit: 17.50-18.50
Die Kleingruppen nehmen die Resul-
tate des Brainstorming und verarbeiten sie nach folgendem
Scenario:

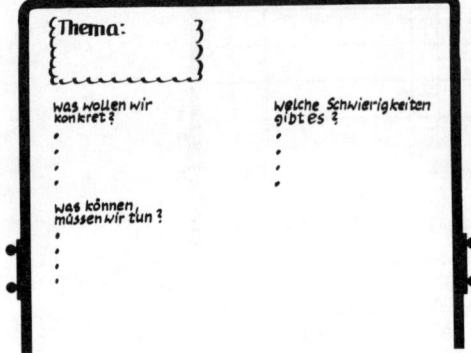

Vorstellung der Kleingruppen-Ergeb-   18.50-19.50
nisse im Plenum, Ergänzung und
Diskussion

Handlungs-   Konstituierung von Arbeitsgruppen   1 Leer-
orientierung   Auf Grund der Kleingruppen-   plakat
                  Diskussion werden Arbeitsgruppen
                  gebildet, die über einen längeren
                  Zeitpunkt Vorschläge an die Stadt
                  erarbeiten wollen.

                  Auf einem Plakat wird fest-
                  gehalten:
                  * Thema der Kleingruppe
                  * Wer arbeitet mit
                  * Wo und wann treffen wir
                    uns das nächste Mal
                  * Wer verhandelt mit der
                    Stadt
                  * Wann treffen wir uns das
                    nächste Mal im Plenum

Auswirkungen: Die Arbeitsgruppen haben einen Monat lang regel-
                       mäßig gearbeitet. Die Stadt hat den Abrißbeschluß
                       zunächst zurückgestellt. Die Hausbesetzung ist
                       friedlich verlaufen. Das Haus ist inzwischen abge-
                       rissen worden, es besteht jedoch die Aussicht, daß
                       den Jugendlichen ein anderes Haus zur Verfügung
                       gestellt wird.

4. Beschreibung der ModerationsMethode

4.1 Die Haltung des Moderators

Der Moderator ist/ ist nicht

Der Moderator ist ein methodischer Helfer, ein Katalysator, eine "Hebamme" für ein Problem. Sein Wissen, seine Erfahrung stehen den Teilnehmern zur Verfügung.

Der Moderator ist kein Leiter, Führer oder Hierarch, der "weiß wo's lang geht", er ist kein Lehrer, der es besser weiß, er ist kein Experte, der das "Eigentliche" weiß.

Der Moderator ist ein Fachmann für die Wege, das "Wie" der Kommunikation zwischen Menschen. Das bestimmt seine Haltung, die sich mit folgenden Sätzen beschreiben läßt.

Die Haltung des des Moderators

Der Moderator:

* stellt seine eigenen Meinungen, Ziele und Werte zurück. Er bewertet weder Meinungsäußerungen noch Verhaltensweisen. Es gibt für ihn kein "richtig" oder "falsch" während der Moderation;

* nimmt eine fragende Haltung ein und keine behauptende. Durch Fragen aktiviert und öffnet er die Gruppe füreinander und für das Thema;

* ist sich seiner eigenen Einstellung zu Menschen und Themen, seiner eigenen Stärken und Schwächen bewußt und übernimmt für sich die Verantwortung. Er hilft damit auch den Teilnehmern möglichst selbstverantwortlich zu reagieren;

* faßt alle Äußerungen der Gruppe als Signale auf, die ihm den Gruppenprozeß verstehen helfen, und versucht, den Teilnehmern ihr eigenes Verhalten bewußt zu machen, so daß Störungen und Konflikte bearbeitet werden können - ohne moralische Appelle auszusprechen;

* diskutiert nicht über die Methode, sondern wendet sie an;

*   rechtfertigt sich nicht für seine Handlungen und Aussagen, sondern klärt die Schwierigkeiten, die hinter Angriffen und Provokationen stehen;

*   arbeitet im Normalfall immer zu zweit, da sowohl die Technik der Moderation als auch die Beziehungssituation die Zusammenarbeit notwendig machen. In Ausnahmefällen, wie bei Spontanmoderationen oder bei Kurzmoderationen kann auch einmal ein Einzelner moderieren.

Wenn der Moderator inhaltlich und/oder organisatorisch mit der Gruppe verbunden ist und daher auch einen eigenen Standpunkt einzubringen hat, muß er jeweils sichtbar machen, wann er in der Funktion des Moderators den Prozeß steuert und wann er als Teil der Gruppe seine eigene Meinung äußert.

4.2 Visualisierung

4.2.1 Begründung und allgemeine Regeln

Visualisierung =
Optische
Darstellung =
Informationen
fürs Auge

Die Visualisierung ist ein unverzichtbarer Bestandteil der ModertionsMethode, ohne sie wären viele andere Techniken nicht so anwendbar und die Vorteile der Methode nicht wirksam.

Wir verfügen über fünf Sinne, d.h. über fünf Wahrnehmungskanäle, trotzdem nutzen wir für die meisten Kommunikationsprozesse in Gruppen nur einen Kanal: das **Ohr** !

Die Konzentration und Aufmerksamkeit wird jedoch durch die optische Ansprache erheblich gesteigert. Darüberhinaus wird durch das Sehen mit den Augen beim Aufnehmen von Informationen die Merkfähigkeit erheblich gestärkt. Das gleichzeitig **Gehörte** und **Gesehene** bleibt besser im Gedächtnis haften.

Vorteile der
Visualisierung
für die Arbeit
in Gruppen

* Visualisierte Aussagen erleichtern eine gleiche Interpretation bei allen Teilnehmern einer Gruppenarbeit. Sie erhöhen damit die Chance, die Probleme konkreter zu diskutieren und alle auf einen gemeinsamen Punkt zu konzentrieren.

* Die Visualisierung zwingt den Präsentator zu einer Selektion zwischen wesentlichen und unwesentlichen Informationen. Dadurch wird die Aufnahmekapazität der Mitglieder der Gruppe nicht überfordert.

* Verbal schwierig zu erklärende Sachverhalte sind durch die optische Unterstützung leichter zu vermitteln. Dadurch lassen sich unterschiedliche Informationsstände bei den Teilnehmern einfacher ausgleichen.

* Visualisierungen ermöglichen es, Aussagen, Kontroversen und Ergebnisse - für alle sichtbar - sofort darzustellen und festzuhalten. Es entstehen so keine nachträglichen Schwierigkeiten bei Standortbestimmungen, Zusammenfassungen, Dokumentationen, Informationsweitergaben und Interpretationen.

* Ferner trägt die Visualisierung dazu bei, daß sich die Teilnehmer mit dem Ergebnis identifi-

zieren: jeder sieht seinen Beitrag und die
Entstehung des Ergebnisses.

**Grundregeln für
die Visualisierung**

Visualisierung für die Gruppenarbeit heißt, Plakate so vorzubereiten, daß die Gruppe damit arbeiten kann: Das können Fragen, Raster, Speicher,
Scenarien oder Informationen sein.

Im folgenden Teil finden Sie die wichtigsten Regeln, die für diese Visualisierung gelten. Plakat-
typen, die ständig gebraucht werden, sind bei den
entsprechenden Phasen eines Moderationsablaufs
(siehe 4.3 ff) dargestellt.

* Die Visualisierung ergänzt die präzise Erklä-
  rung der Arbeitsanweisungen, sie ersetzt sie
  nicht; es genügt deshalb, in Stichworten zu
  visualisieren.

* An der Sorgfalt der Visualisierung kann man
  erkennen, wie die Moderatoren die Menschen
  achten und wie wichtig sie ihre Arbeit nehmen;

* Informations-Eingaben (Präsentationen), die
  für die Diskussion wichtig sind, sollten eben-
  falls visualisiert eingebracht werden.

4.2.2 Schrift

Zwei Schriftgrößen

Nach unserer Erfahrung haben sich am besten die
Filzstifte von Edding bewährt.

edding 1, den dünneren Stift, verwenden wir für
die Beschriftung von Karten und für Texte auf dem
Plakat. Auch die Teilnehmer schreiben mit diesem
Stift. Dadurch entsteht eine Schriftgröße (Höhe
ca.2,5 cm), die auch aus 6-8 m Entfernung noch
lesbar ist. Das ist der übliche Abstand, den die
Teilnehmer in einer Gruppe von max. 20 Personen
von den Tafeln haben.

edding 800, den dickeren Filzstift verwenden wir
für Überschriften, Betonungen, Linien, Zahlen und
Pfeile (Schrifthöhe ca. 5 cm)

Diese unterschiedlichen Schriftgrößen sind wir auch
aus Druckerzeugnissen gewöhnt. Zeitungen gliedern

z.B. die Seite durch unterschiedliche Schriftgrößen, Abstände und dicke und dünne Linien. An
diese Gewohnheit knüpfen wir mit unseren Visualisierungen an.

**Richtige Haltung
der Filzstifte**

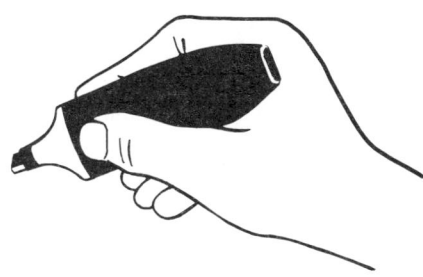

edding 1 so in die Hand nehmen, daß die hohe Kante
zum Daumen zeigt, dann mit der vollen Breitseite
schreiben und beim Schreiben nicht mehr drehen.

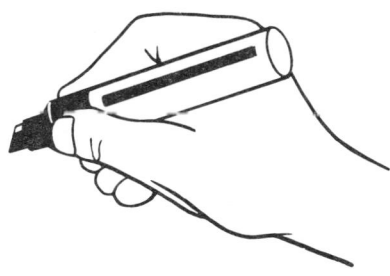

edding 800 so in die Hand nehmen, daß die hohe
Kante zum Papier zeigt, mit der vollen Kante
(Giebelseite) schreiben und beim Schreiben nicht
drehen.

**Groß- und
Kleinbuchstaben
verwenden**

Kleinbuchstaben ergeben wegen ihrer unterschiedlichen Ober- und Unterlängen unterschiedlichere
Wortbilder, die für das Auge leichter voneinander
zu unterscheiden sind. Sie können das auch in
Schreibmaschinenschrift an folgendem Beispiel erkennen:

VISUALISIERUNGSBEISPIEL

Visualisierungsbeispiel

**Druckschrift
schreiben**

Druckschrift ist besser lesbar als Schreibschrift,
denn sie verschleift nicht so. Sie ist auch hilf-

reicher bei der Aufteilung von Schrift auf Karten und Plakaten.

Kurze Ober- und Unterlängen

Die Lesbarkeit der Schrift in bezug auf ihre Größe hängt ab von der Höhe der Mittellängen, lange Ober- und Unterlängen tragen nichts zur Lesbarkeit bei. Diese Art des Schreibens sehen Sie auf allen Plakaten, die wir als Beispiele in dieses Buch aufgenommen haben.

eng aneinander schreiben

Das Auge erfaßt die einzelnen Wortbilder besser, wenn die Buchstaben eng aneinander gesetzt werden. Zwischenräume **zwischen** den Wörtern gliedern die Wahrnehmung einer Aussage.

Nicht optisch brüllen oder nuscheln

Sie sollten weder zu groß (über 5 cm) noch zu klein (unter 2,5 cm) schreiben. Genau wie in der Rhetorik sollten Sie Ihre Schrift der Größe der Gruppe und der Entfernung zu den Teilnehmern anpassen. Wir gehen hier von einer Gruppengröße bis zu 20 Teilnehmern und einer Entfernung von maximal 8 m aus.

4.2.3 Elemente der Visualisierung

Karten in der Größe 10 x 21 cm (= 1/3 DIN A 4) in den vier Farben weiß, hellgrün, gelb und orange. Sie werden verwendet für Aussagen der Teilnehmer und für Texte auf Plakaten.

Kuller (runde Papierscheiben) in den vier Farben werden verwendet für Betonungen von Aussagen und Überschriften. Kleine Kuller verwenden wir bei der Selbstzuordnung von Teilnhmern zu Kleingruppen. Die großen Kuller haben einen Durchmesser von 20 cm, die kleinen von 10 cm

Ovale Kuller in den vier Farben (Breite = 21 cm, Höhe = 10 cm) verwenden wir beim schriftlichen Diskutieren, d. h. beim Festhalten von Aussagen der Plenumsteilnehmer nach der Vorstellung von Kleingruppenergebnissen. Damit unterscheiden sich die Karten aus dem Plenum von denen, die die Kleingruppe benutzt hat.

 Überschriftstreifen in den vier Farben heben die Titel besonders hervor. Wenn man sie untereinanderklebt, kann man aus ihnen Wolken und andere großflächige Formen ausschneiden.

 Selbstklebepunkte (Ø 9 mm) in verschiedenen Farben werden zum Beantworten von Punkt-Fragen und für Bewertungen z.B. von Themenkatalogen gebraucht.

 Konfliktpfeile werden benutzt, um Konflikte, Widersprüche und Dissens zu kennzeichnen, Pfeile und andere Symbole zum Betonen von Aussagen. Alle Symbole wie auch die Linien, aus denen Speicher und Listen bestehen, werden mit dem dicken Filzstift gemalt. Betonende Symbole sollen nur sparsam verwendet werden.

 Die Filzstifte edding 1 und edding 800 verwenden wir in den vier Farben schwarz, blau, rot und grün. Auf Karten sollte immer mit dem schwarzen Filzstift geschrieben werden, damit die Schrift genügend Kontrast zur Kartenfarbe behält. Farbige Filzstifte verwenden wir, wenn wir direkt auf das Plakat schreiben.

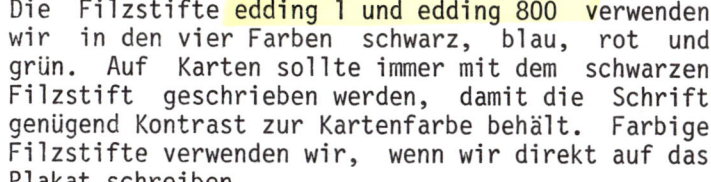 Freiflächen gliedern die Aussagen auf dem Plakat besser als Trennlinien. Freiflächen symbolisieren auch den geistigen Raum, der der Gruppe für die Mitarbeit eingeräumt wird.

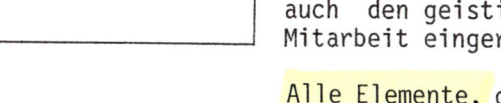 Alle Elemente, d.h. Farben, Formen, Symbole sollen sparsam verwendet werden. Erst dadurch entstehen die Klarheit und Präzision des Denkens und damit der Information, die an die Gruppe herangetragen werden soll.

4.2.4 Anordnung der Elemente

Lesegewohnheit beachten

Wir orientieren uns selbstverständlich an der in unserem Kulturkreis üblichen Leserichtung von links nach rechts und von oben nach unten. Danach muß sich der Aufbau einer Visualisierung auf dem Plakat wie auch die Reihenfolge der Plakate auf mehreren Tafeln richten.

Collage-Technik nutzen

Beim Erstellen von Visualisierungen empfiehlt es sich, alle Texte auf Karten, Kuller oder Überschriften zu schreiben, sie zunächst aufzustecken (d.h. eine Collage herzustellen) und erst dann

Nur eine Frage, einen Sinn- zusammenhang je Plakat	festzukleben, wenn die Visualisierung den Vorstel- lungen entspricht. So lassen sich auch leichter Korrekturen anbringen.
	Die Einheit des Gedankens ist sinnhaft ausgedrückt in der Einheit des Plakats. Das ist auch hilfreich für die nachträgliche Veränderung von Zusammenhän- gen zwischen einzelnen Plakaten.
Blöcke bilden	Schriftblöcke sind vom Auge besser zu erfassen als Schriftzeilen, die über die ganze Breite des Pla- kats gehen. So können auch inhaltliche Zusammen- hänge leichter erfaßt werden. Überschriften und Fragen kommen immer in die linke obere Ecke des Plakats. Die Zeilenlänge soll ein Drittel der Plakatbreite nicht überschreiten.
Linien in Listen im Kartenabstand	Das Auge orientiert sich am Raster der Karte. Deshalb sollte dieses Raster auch in den Listen erhalten bleiben, d.h. der Abstand zwischen den Linien untereinander beträgt ca. 15 cm. Dadurch wird auch das Einhängen von einzelnen Karten in Listen erleichtert.
Wirkung des Plakats testen	Bevor Sie ein Plakat für fertig erklären, sehen Sie es sich aus der Zuschauerdistanz an. Erst aus dieser Entfernung können Sie feststellen, ob Sie die erwünschte Wirkung erzielt haben.

4.3 Phasen eines Moderationsablaufs:
Die Methoden der Moderation im einzelnen.

Wie ein gutes Theaterstück hat auch eine Moderation einen Spannungsbogen, der sich an dem Lebenstonus von Anspannen und Entspannen orientiert. Er nimmt Rücksicht auf die natürlichen Bedürfnisse der Menschen, ihre Aufnahmebreitschaft und ihre Aktivitätsbedürfnisse.

Der Erfolg einer Moderation hängt unter anderem davon ab, wie weit es dem Moderator gelingt, den Rhythmus seiner Moderation den Bedürfnissen und Fähigkeiten seiner Zielgruppe anzupassen. Dazu gehört zum einen, die im folgenden beschriebenen Phasen einzuhalten, zum anderen, einen sinnvollen Wechsel von Arbeit und Pausen einzuhalten.

Im folgenden beschreiben wir die Methoden der Moderation im einzelnen an den Stellen, an denen sie in einem Moderationsablauf auftreten. (Sie sind jeweils unterstrichen.) Wenn Sie Anregungen für Frageformulierungen in Ihren eigenen Abläufen suchen, empfehlen wir Ihnen, die Moderationsabläufe im vorigen Kapitel durchzublättern und sich inspirieren zu lassen.

4.3.1 Begrüßung - Kennenlernen - Anwärmen

"Begrüßen" ist selbstverständlich. Doch bestimmt das "wie" der Begrüßung den ganzen Verlauf der Moderation, weil es einen wesentlichen Einfluß auf die Stimmung hat. Selbst wenn eine Gruppe verstimmt und konfliktgeladen ist, kann die Art, wie sie "empfangen" wird, wesentlich dazu beitragen, daß eine kommunikationsbereite Haltung gefördert wird.

Einflüsse

Einfluß darauf hat zunächst die Haltung und Einstellung des Moderators selbst:

* bin ich selbst offen ?
* mag ich die Gruppe ?
* wie ist meine eigene Stimmung ?

Der Moderator sollte keine freundliche Maske tragen, sondern sich bewußt sein, in welcher Verfassung er selber ist.

Sodann ist die Vorbereitung des Raums wichtig,
bevor die Gruppe kommt:

*   Erlaubt die Sitzordnung Bewegung und Kontakt ?
*   Sind Plakate und Material zur Hand ?
*   Welche Ausstrahlung hat der Raum und was kann
    der Moderator dazu beitragen, sie angenehm zu
    machen ?

Selbst wenn der Raum ungemütlich und kalt ist,
können ein paar kleine Veränderungen der Sitzordnung, ein Tisch mit Getränken, Plakate an den
Wänden usw. schon einige Verbesserungen bringen.
Es ist wichtig, daß der Moderator hier seine eigene Phantasie einsetzt und nicht einem Stereotyp
folgt.

a) Begrüßung

Informelle
Begrüßung

Bei der informellen Begrüßung, die zum Großteil
von der Gruppe und der Situation abhängt, kann der
Moderator durch seine Haltung Vorbild sein.

Namensschilder

Methodisch läßt sich die informelle Begrüßung mit
dem Schreiben und Verteilen der Namensschilder
(auf Tesa-Krepp-Streifen) verbinden, wenn sich die
Gruppe nicht oder nur wenig kennt.

Formelle
Begrüßung

Die formelle Begrüßung der Gruppe wird zweckmäßig
verbunden mit:

*   der Vorstellung des oder der Moderatoren
*   wenn nötig einer Aussage des Moderators zu
    seiner methodischen Funktion (Rolle)
*   der Klarstellung, was mit dem Ergebnis der
    Veranstaltung passiert

Zielplakat

Mit Hilfe eines ersten Plakates sagt der Moderator kurz etwas zu den Zielen dieser Moderation:

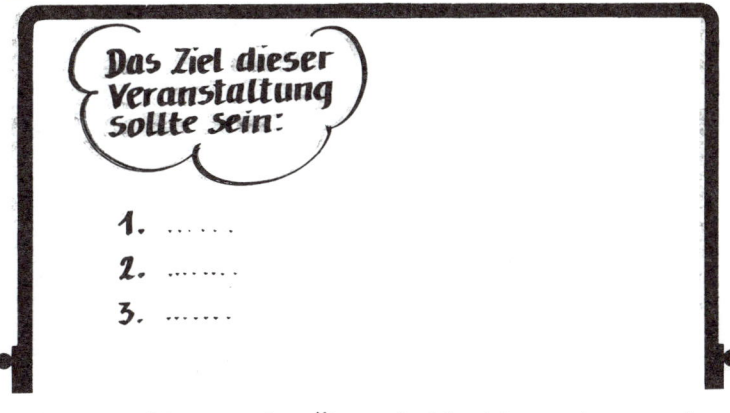

Das Ziel dieser Veranstaltung sollte sein:

1. ......
2. ....
3. ....

Die Formulierung der Überschrift hängt ab von der Situation. Sie kann auch "Anlaß", "Absicht" dieser Moderation heißen, oder lockerer "was wir heute gemeinsam tun wollen".

!! Warnung !!
Dieses Plakat sollte keine inhaltlichen Vorwegnahmen beinhalten, oder Ziele, die in der Gruppe erst diskutiert werden sollen.

Regel

Gerade die ersten Plakate sollten sorgfältig visualisiert werden, um der Gruppe den Stellenwert der optischen Aufbereitung zu zeigen (Vorbildwirkung)

b) Kennenlernen

Um die Teilnehmer, die sich nicht oder nur wenig kennen, schneller miteinander vertraut zu machen, gibt es folgende Methoden:

Vorstellungsrunde

Vorgehen:

*   die Gruppe sitzt im Kreis und jeder antwortet nacheinander auf vom Moderator formulierte Fragen (z.B.: Wer bin ich ? Was tue ich ? Was möchte ich hier über mich sagen ?) oder sagt frei etwas zu sich selbst

*   die Beiträge sollten kurz sein und doch das Wesentliche enthalten.

* der Vorteil besteht darin, daß keine Visualisierung vorbereitet werden muß, der Nachteil,
daß man sich bei größeren Gruppen die Informationen schlecht merken kann.

Der Moderator hat vor der Ankunft der Teilnehmer
z.B. folgendes Plakat vorbereitet:

Vorgehen:

* der Moderator bittet jeden der hereinkommt,
sich einzutragen

* am Anfang der Sitzung stellt sich dann jeder
selbst, neben dem Plakat stehend, der Gruppe
vor

* die Titel der Spalten 2,3,4... sind situa-
tionsbezogen

* die letzte Spalte sollte immer etwas Persönli-
ches enthalten

* der Gruppenspiegel sollte während der Veranstaltung sichtbar hängen bleiben.

Paar-Interview
Eine Zweiergruppe (Kleinstgruppe) kann sowohl dem
Kennenlernen, der Problemsammlung, als auch dem
Feedback dienen.

Spiel
wohlwollendes Hypothetisieren (!! Warnung:
dauert lange)

128 Namensherkunft erläutern

Der Moderator hat ein Plakat (Scenario) mit den Fragen für die Kleinstgruppe vorbereitet z.B.:

(Interview)	
wichtige Lebensstationen	Erwartungen/Befürchtungen an diese Veranstaltung
A · · · ·	A · · ·
B · · ·	B · · ·

Vorgehen:

* die Gruppenmitglieder finden sich zu Paaren zusammen. Der Moderator kann hier ein Auswahl-kriterium anbieten, z.B.
  - den, den Sie am wenigsten kennen,
  - den, mit dem sie am häufigsten zusammenar-beiten usw. (je nachdem, was er erreichen will)

* die Partner interviewen sich gegenseitig und schreiben die Antworten auf einem Plakat in Stichworten mit

* Das Plakakat wird nach ca. 15 - 20 Minuten Arbeitszeit vor der Gesamtgruppe dargestellt

!! Warnung !!
Das Paarinterview zum Kennenlernen hat nur Sinn, wenn die Moderation mindestens einen Tag dauert. Es kostet sonst zu viel Zeit.

c) Anwärmen

Der nächste Schritt besteht darin, die Gruppe bereit zu machen, miteinander zu arbeiten. Folgen-de Methoden können diese Funktion erfüllen:

Blitzlicht

Das Blitzlicht gibt jedem Teilnehmer die Möglich-keit, in einem kurzen Beitrag seine Gefühle anzu-sprechen, die ihn in der gegenwärtigen Situation bewegen.

In der Anwärmsituation sind das

*   Gefühle, die jeden beim Ankommen bewegten,

*   Emotionale Erwartungen an die Veranstaltung,

*   belastende, bedrückende Dinge, die mit der
    konkreten Situation zu tun haben können oder
    aus vergangenen Situationen stammen können,
    die aber angesprochen oder sogar bearbeitet
    werden müssen.

Regeln

Für das Blitzlicht gelten folgende Regeln:
(In Gruppen, denen diese Regeln neu sind, sollten
sie visualisiert werden.)

*   Jeder spricht nur über sich und benutzt ich
    statt man

*   Jeder macht kurze (Blitzlicht !) persönliche
    Aussagen zur Frage (Gefühle, Erfahrungen)

*   Es gibt keine Diskussion oder Stellungnahmen
    zu den Aussagen der anderen.

Die Reihenfolge der Wortergreifung kann sich nach
der Sitzordnung richten oder nach freier Wahl der
Teilnehmer. Die Moderatoren sind Bestandteil der
Gruppe und nehmen am Blitzlicht teil. Sie achten
auf die Einhaltung der Regeln. Der Moderator formuliert die Fragen für das Blitzlicht präzise und
konkret auf die Gefühle hin, z.B:

*   Wie geht es mir jetzt ?

*   Was hat mich beim Herkommen bewegt ?

*   Was liegt mir auf der Seele in bezug auf diese
    Veranstaltung ?

Ein-Punkt-Frage

Mit der "Ein-Punkt-Frage" (= mit einem Klebepunkt
zu beantworten) kann der Moderator die Einstellung
und Haltungen sichtbar machen.

Zum Anwärmen eignen sich folgende Fragen:

Gleitende Skala:

Gleitskala

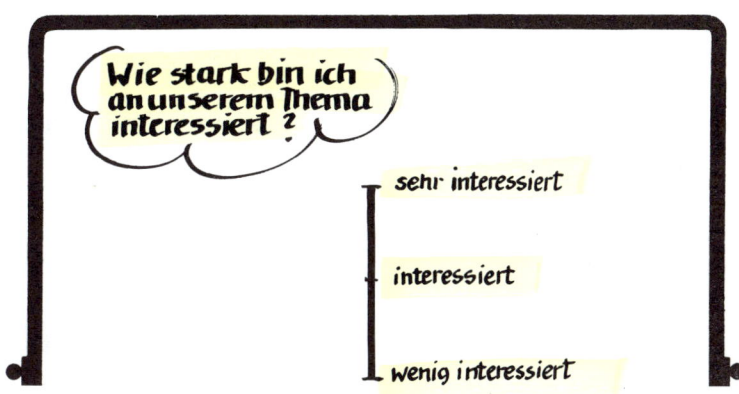

Gestufte Skala:

Stufenskala

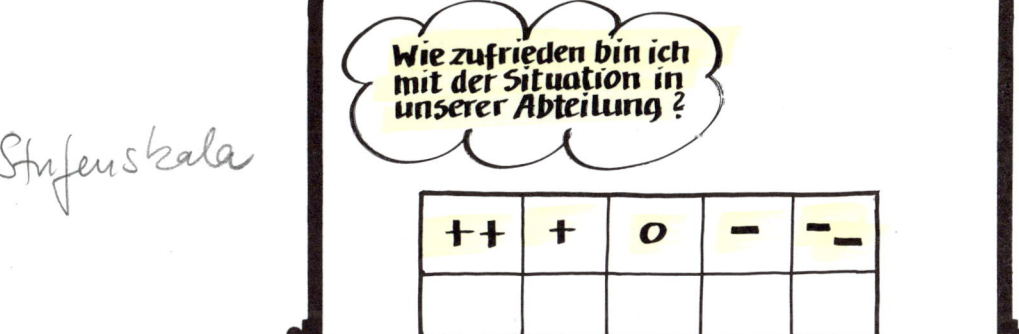

Koordinatenfeld:

Koordinaten-
feld

!! Achtung !!
Alle vier Ecken müssen eine Bedeutung haben, die
der Gruppe vorher erklärt wird.

Regeln

Zur Visualisierung:

* Überschrift (Frage) deutlich und hervorgehoben in die linke obere Ecke des Plakats

* Skala und Felder entsprechend der Gruppengröße groß genug gestalten, um eine deutliche Streuung sichtbar zu machen

* Unterhalb des Schemas sollte Platz für die zugerufenen Bemerkungen, Stellungnahmen, Antworten sein.

Zur Frageformulierung:

* Die Fragen sollten präzise formuliert und visualisiert sein

* sie sollen an die Gruppe persönlich gerichtet sein

* sie sollen so offen sein, daß jeder sie beantworten kann und ein breites Meinungsspektrum sichtbar wird.

Vorgehen

* Die Moderatoren stellen die auf einem Plakat visualisierte Frage (ohne lange Interpretationen) vor.

* Jeder Teilnehmer bekommt einen Selbstklebepunkt, mit der Bitte, ihn an den Platz zu kleben, der seiner Meinung entspricht.

* Nach der Beantwortung bittet der Moderator um verbale Kommentare zu den Punkten. Die Antworten werden stichwortartig auf dem Plakat gut lesbar mitgeschrieben ("mitvisualisiert")
!! Warnung !! Auf keinen Fall darf der Moderator selbst Interpretationen geben.

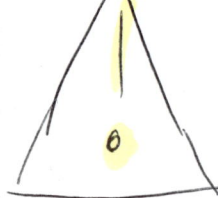

* Das Plakat sollte nicht eher weggestellt werden, bis die Verbindung zum nächsten methodischen Schritt sichtbar gemacht ist.

4.3.2 Problem- /Themenorientierung herstellen

Diese Phase dient dazu, der Gruppe ihre gemeinsamen Probleme und Themen bewußt zu machen. Dazu muß die Energie der Gruppe aktiviert werden:

Handwritten note in left margin:
Was tun, wenn
Leute geschickt
sind bzw.
das Thema von
oben verordnet
wurde?

* Der Gruppe muß sich der Bedeutung des Themas bewußt werden. Ist das Thema für die Gruppe nicht wichtig, dann ist irgendetwas falsch gelaufen: entweder ist die Gruppe "geschickt" oder das Thema ist von "oben" verordnet worden, oder die Gruppe ist falsch zusammengesetzt. Gerade das sollte allen bewußt werden. Für das Gelingen einer Moderation ist es darüber hinaus wichtig, das unterschiedliche Gewicht sichtbar zu machen, die die verschiedenen Themen(schwepunkte) für die einzelnen Teilnehmer haben.

* Wenn alle thematischen Aspekte und Teile eines Problems von den Teilnehmern selbst genannt und konkretisiert werden, können sie sich nachher bei der Bearbeitung auch damit identifizieren und Verantwortung für die Resultate übernehmen.

* Nur wenn alle Teilnehmer sich beteiligen können, können sie auch ihren spezifischen Punkt des Engagements finden.

* Notwendige Vorinformation sollten kurz - und die Kernsätze daraus visualisiert sein.

   !!Warnung !!
   Mit einer langen Vorinformation eines Einzelnen am Anfang gelingt es am schnellsten, das Interesse der Beteiligten einzuschläfern und die Energien der Teilnehmer erschlaffen zu lassen. Dadurch wird die Konsumhaltung der Teilnehmer geschaffen oder zumindest gefördert.

Wichtig ist in dieser Phase ist:

* daß die Fragestellungen so konkret wie möglich erarbeitet werden,

* daß nur mit dem Ziel diskutiert wird, das Problem klar zu formulieren und noch nicht inhaltlich zum Thema oder gar über mögliche Lösungen nachgedacht wird,

* daß sich nicht alle einig sein müssen, sondern gerade die unterschiedlichen Meinungen aufs Plakat gebracht werden sollen. Unterschiedliche Meinungen sind keine Katastrophe, sondern

Anregungen für die Diskussion, Chancen für neue Lösungen.

Folgende **Methoden** eignen sich für diese Phase:

Ein-Punkt-Fragen Ein-Punkt-Fragen sind solche Fragen, die die Gruppenteilnehmer mit **einem** Klebepunkt beantworten können

Ein-Punkt-Fragen, die der Gruppe die Bedeutung eines Themas bewußt machen, können sein:

*   "Wie wichtig ist das Problem
    für meine tägliche Arbeit ?"

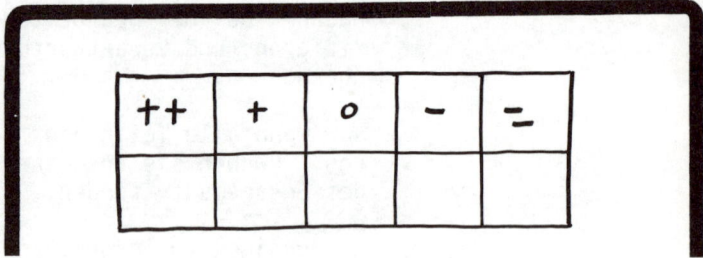

*   "Wie zufrieden bin ich mit der
    Situation in unserer Abteilung/Team etc. ?"

*   "Wie stark fühle ich mich durch
    das Problem belastet ?"

* "Wieviel Energie (Zeit/Geld) bin
  ich bereit für die Lösung des
  Problems zu investieren ?"

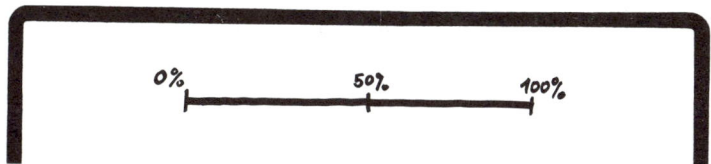

Tagesordnung

Die Tagesordnung gemeinsam aufzustellen, ist die einfachste Form einen gemeinsamen "Roten Faden" zu bekommen.

Bereiten Sie folgendes Plakat vor:

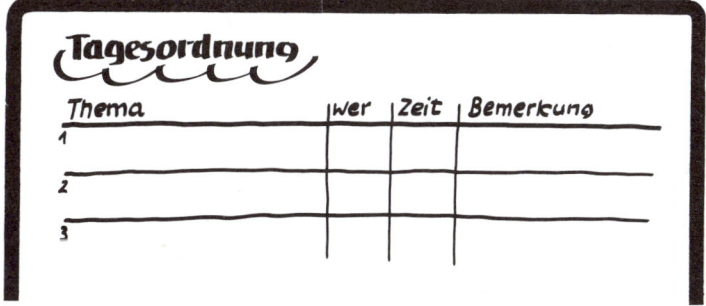

Vorgehen

* Der Moderator sammelt mit den Konferenz-Teil-nehmern die anstehenden Themen. Er notiert in der "wer"-Spalte den Teilnehmer, der das Thema betreut, verantwortlich ist, Einstiegsinforma-tionen liefert etc.

* Danach einigt sich die Gruppe über den Zeitan-teil, den jedes Thema beanspruchen soll

* Anschließend wird gemeinsam eine zeitliche/lo-gische ... Reihenfolge festgelegt

* In der Bemerkungsspalte können Diskussions-ergebnisse, weitere Bearbeitungsschritte oder Entscheidungen festgehalten werden.

Vorteile

* Der Konferenzablauf wird von allen mitent-schieden (Verantwortung wird mitübernommen)

* Der Ablauf ist für alle transparent

* Alle können mit auf die Zeiteinhaltung achten

Auch wenn sonst nicht weiter moderiert wird, entfallen schon damit einige störende und ermüdende Erscheinungen von Sitzungen..

Für die Themensammlung durch Zuruf bereiten Sie ein bis zwei Leerplakate vor, die nur in der linken oberen Ecke die Frage als Überschrift haben, z.B.:

Vorgehen

* Der Moderator bittet die Gruppe kurz, durcheinander und schnell alles zuzurufen, was ihr zum Thema / zur Frage einfällt

* Der zweite Moderator (wenn vorhanden) bringt alle Äußerungen aufs Plakat

* Erst anschließend werden sie mit der Gruppe gemeinsam geordnet (siehe Problemspeicher)

!! Warnung !!
Auf keinen Fall die Äußerungen der Teilnehmer verbal oder nonverbal bewerten. Auch positive Bewertung einzelner Beiträge sind eine negative Bewertungen der anderen Beiträge (z.B. "Ja, das ist ein sehr wichtiger Beitrag", d.h. die anderen sind weniger - oder gar nicht - wichtig).

Wann geeignet

* Wenn es auf kreative Vielfalt ankommt (Brainstorming-Effekt)

* Wenn kein Bedarf nach Anonymität besteht

* Wenn gegenseitige Anregungen wichtig sind

* Wenn es unwichtig ist, daß Häufungen (Mehrfachnennungen) sichtbar werden (z.B.: Wieviele Teilnehmer nennen das gleiche Problem).

Karten-Frage

Bei der Kartenfrage schreiben die Teilnehmer ihre Äußerungen auf Karten, die anschließend an der Tafel sortiert ("geklumpt") werden.

Vorgehen

* Der Moderator bereitet ein Leerplakat mit der Frage als Überschrift und ein bis zwei zusätzliche Leerplakate vor, z.B.:

* Der Moderator verteilt Karten und Filzstifte und bittet die Teilnehmer pro Karte nur ein Problem stichwortartig zu notieren (deutlich lesbar schreiben).

* Die Anzahl der Karten wird normalerweise nicht begrenzt, da sich die Menge von selbst reguliert. In Ausnahmefällen (Zeit !) kann die Gruppe gebeten werden, zwar alle Karten zu schreiben, aber dann nur die 3 (oder ..) wichtigsten auszuhändigen.

* Nachdem der Moderator die Karten eingesammelt hat, sortiert er sie gemeinsam mit der Gruppe auf die Plakate. Keine Sortier-Kriterien vorgeben, erst nach Zusammenhängen sortieren, dann die Überschriften finden. Der Moderator liest die Karte vor und die Gruppe entscheidet, zu welchem Problemklumpen diese Karte gehört.

* Die Problemklumpen sollten zur besseren Orientierung numeriert werden.

wie läuft das ab?

Beispiel:

*   Kriterien der Zuordnung können sein:

    "Was läßt sich sinnvoll gemeinsam bearbeiten?"
    oder "Wofür sind ähnliche Lösungen vorstell-
    bar?"

*   Gibt es unterschiedliche Meinungen bei der
    Zuordnung einer Karte (eines Problems, ...)
    bittet der Moderator die Teilnehmer, diese
    Karte zu verdoppeln, und sie werden in beide
    "Klumpen" gehängt.

*   Wenn alle Karten zugeordnet sind, wird aus
    jedem Klumpen eine Fragestellung für den The-
    menspeicher mit der Gruppe formuliert. Wenn
    die Überschrift formuliert ist, wird der Klum-
    pen abgeschlossen, d.h. mit dickem Filzstift
    umrandet.

!! Warnungen !!

*   Keine Karten wegwerfen, auch nicht auf Auffor-
    derung aus der Gruppe. Jede Karte gehört dazu,
    denn der Schreiber hat damit eine Absicht
    verbunden.

*   Karten nicht übereinander hängen, denn die
    Häufungen sollen sichtbar bleiben.

Wann geeignet   *   Wenn Anonymität sinnvoll und notwendig ist

138

* Wenn Zeit zum Überlegen notwendig ist

* Wenn Häufungen sichtbar werden sollen

* Wenn der Zuordnungsprozeß entscheidend zur
gemeinsamen Problemsicht der Gruppe beiträgt.

Problemspeicher

In den Problemspeicher werden alle Themen, Probleme, Wünsche usw. eingetragen, die entweder über
eine Karten-Frage oder eine Zuruf-Frage gesammelt
worden sind. Er dient einmal dazu, eine Übersicht
herzustellen über die Punkte, die diskutiert werden sollen, zum anderen erlaubt er, Rangordnungen
und Reihenfolgen mit der Gruppe gemeinsam festzu-
legen.

Er dient der Gruppe als roter Faden, an dem
entlang sie ihre Diskussion organisieren kann,
ohne daß ein Hierarch oder Leiter festlegen muß,
was wann mit welchem Ziel getan werden soll.

Vorgehen

* Der Moderator bereitet ein bis zwei Plakate
mit folgender Struktur vor:

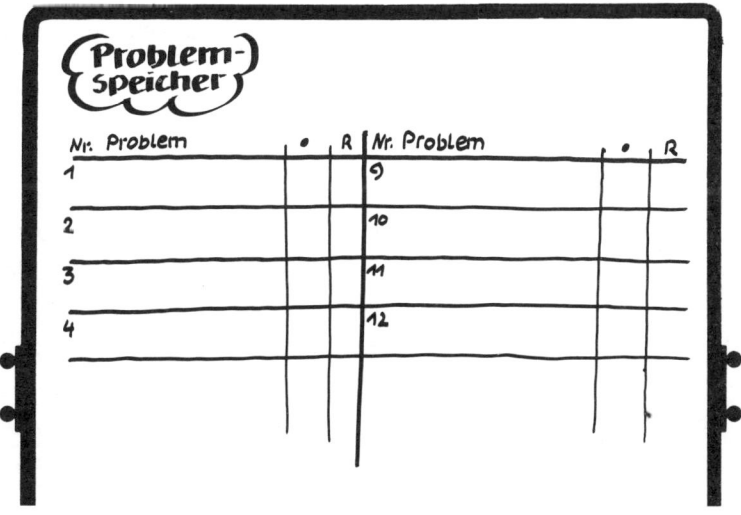

* In die einzelnen Zeilen werden die Überschriften der Klumpen eingetragen. Dabei empfiehlt
es sich, darauf zu achten, daß Probleme entweder als Fragestellungen formuliert sind oder
doch zumindest die Tendenz ausdrücken, was an
diesem Thema problematisch ist.

* Da dieser Problemspeicher die Arbeit der Gruppe weiter begleitet, lohnt es sich, Sorgfalt auf Formulierungen und Schrift zu legen. Die Spaltenüberschriften werden mit dem dicken, die einzelnen Texte in den Zeilen mit dem dünnen Filzstift geschrieben.

* Manchmal kommt es vor, daß ein Klumpen nur aus einer Karte besteht. Dann kann diese direkt in den Speicher gehängt werden. Das gleiche gilt für den Fall, daß eine Karte das Problem besonders plastisch formuliert.

Wann geeignet   Der Problemspeicher ist ein notwendiges Hilsmittel für alle Problemsammlungen und -ordnungen.

<u>Bewertung</u>   Durch die Bewertung des Problemspeichers

* werden - technisch gesehen - Rang- und Reihenfolgen zur Berabeitung der Probleme festgelegt

* werden - inhaltlich gesehen - Werthaltungen und Ziele, Ängste und Wünsche in der Gruppe transparent

* werden die notwendigen Koalitionen angelegt, die es später erlauben, zu Problemlösungen zu kommen.

Vorgehen   * Wichtig ist es zunächst, die richtige Bewertungsfrage zu finden. Sie muß für alle klar und deutlich sein, damit alle Teilnehmer nach dem gleichen Kriterium bewerten. Es ist nämlich ein Unterschied, ob die Teilnehmer entscheiden sollen "Was ist mein wichtigstes Problem?" oder "Welches Problem läßt sich am leichtesten lösen?" oder "mit welchem Thema sollten wir beginnen?"

* Da diese Frage so wichtig ist und für alle zum selben Zeitpunkt klar sein muß, wird sie auf eine Karte geschrieben und auf den oberen Rand des Problemspeichers gehängt.

* Zum Bewerten gibt der Moderator Selbstklebepunkte aus. Die Anzahl der Punkte richtet sich nach der Anzahl der Themen. Jeder Teilnehmer bekommt halb so viele Punkte wie Themen zur Auswahl stehen, also z.B. bei 14 Themen im Problemspeicher bekommt jeder Teilnehmer 7 Punkte.

Zwei Spalten erstellen

* Die Punkte werden im Problemspeicher in die Spalte mit dem Punkt geklebt.

* Der Teilnehmer hat die Möglichkeiten, seine Punkte zu verteilen oder zu häufeln. Er kann damit ein breites Interesse an vielen Punkten oder ein starkes Interesse an wenigen oder an einem Punkt deutlich machen.

* !! Warnung !!
  Das Bewerten ist ein teilanonymer Vorgang. Der Moderator soll deshalb beim Kleben der Punkte nicht zusehen und auch später beim Besprechen des Ergebnis nicht einzelne Punkte identifizieren ("Wer hat denn diesen Punkt hier geklebt?")

* Wenn alle geklebt haben, zählt der Moderator die Klebepunkte aus und schreibt die Zahl der Punkte mit dem dicken Filzstift in das Punktefeld.

* Die Rangordnungen, die sich aus der Zahl der Punkte ergeben, werden, um Verwechslungen mit der Ordnungsziffer am Anfang zu vermeiden, mit Großbuchstaben (A,B,...) in der "R"-Spalte gekennzeichnet.

Wann geeignet

In allen Fällen, in denen Auswahlen getroffen, Rang- und Reihenfolgen festgelegt werden müssen.

4.3.3 Problembearbeitung

Zweck

In dieser Phase findet die eigentliche Arbeit an den Problemen statt. Sie besteht in einem intensiven Kommunikationsprozeß der Teilnehmer untereinander. Dazu ist es notwendig, die Gesamtgruppe in Kleingruppen aufzuteilen, damit jeder mit jedem Kontakt aufnehmen kann, um Argumente auszutauschen, Meinungen und Haltungen sichtbar zu machen, Widersprüche aufzudecken, Kontroversen auszutragen und Lösungen zu suchen.

Atmosphäre

Hierzu bedarf es einer problemoriorientierten Stimmung und einer kommunikativen Atmosphäre. Sie kann durch folgende Maßnahmen unterstützt werden:

* Alle Kleingruppen sollen nach Möglichkeit in dem selben Raum arbeiten.

* Jeder Kleingruppe sollen möglichst zwei bis drei Stelltafeln zur Verfügung stehen, durch die der Arbeitsraum der Gruppe abgegrenzt wird.

* In den Erläuterungen der Kleingruppen-Aufgaben sollen die Moderatoren eine Haltung einnehmen, aus der für die Teilnehmer erkennbar wird, daß Auseinandersetzungen kein Unglück sind, sondern den Lösungsprozeß fördern, daß es hilfreicher ist, aufeinander zuzugehen ("Das sehe ich anders") als gegeneinander anzukämpfen ("Das ist falsch", "Das stimmt nicht",...)

Kleingruppenarbeit   Kleingruppen sollen nicht aus mehr als 5 Teilnehmern bestehen. Größere Gruppen neigen dazu, in Untergruppen zu zerfallen, und es stellen sich sehr schnell bekannte Führungsstrukturen her. Kleinere Gruppen erlauben es hingegen auch schüchternen und unerfahrenen Mitgliedern, aus sich herauszugehen und aktiv mitzuarbeiten. Die Gruppen sollen nicht länger als 60 Minuten arbeiten, damit die Ergebnisse noch offen genug sind, um auch in der anschließenden Plenumsdiskussion noch verändert werden zu können.

Die wichtigsten Gesichtspunkte im Diskussionsprozeß sollen auf Tafeln mitgeschrieben ("mitvisualisiert") werden. Dadurch

* wird der Diskussionsverlauf für die Teilnehmer transparenter und leichter steuerbar,

* entsteht ein für die ganze Gruppe sichtbares Diskussionsprotokoll, das Grundlage der späteren Präsentation im Plenum ist.

Kleingruppenbildung * Themenorientierte Gruppenbildung:
In den meisten Fällen entstehen die Themen für die Kleingruppen aus dem Themenspeicher, dessen am höchsten bewerteten Themen weiter bearbeitet werden. Dadurch ergibt sich die häufigste Form der Gruppenbildung, die darin besteht, daß sich die Teilnehmer dem Thema zuwählen, an dem sie das stärkste Interesse haben. Dazu schreiben die Teilnehmer ihren Namen und den Buchstaben der Gruppe ihrer Wahl auf einen kleinen Kuller. Die Kuller werden in der Mitte des Raums ausgebreitet, so daß alle sehen können, wer sich zu welcher Gruppe gewählt hat.

142

Interessieren sich mehr als fünf Personen für
dasselbe Thema, wird die Gruppe entweder ge-
teilt (dann wird das Thema parallel in zwei
Gruppen bearbeitet) oder einzelne Teilnehmer
orientieren sich um (freiwillig!), bis Gruppengrößen zwischen zwei und fünf Personen
entstanden sind.

* Gruppenbildung nach dem Zufall:
  - losen (Zahlen oder Farben ziehen lassen)
  - abzählen lassen
  - nach der Sitzordnung
  - Puzzle: Der Moderator zerschneidet so
    viele Karten wie Gruppen gebildet werden
    sollen in ungleichmäßige Schnipsel. Jede
    Karte hat so viele Teile wie die Gruppe
    Teilnehmer haben soll. Die Teile werden
    gemischt, jeder zieht sich ein Stück und
    sucht die zusammenhängenden Teile, deren
    Besitzer gemeinsam eine Kleingruppe bil-
    den.

* Gruppenbildung nach Sympathie:
  - Zweiergruppen bilden durch Augenkontakt
  - Zuordnung zu Symbolen: Der Trainer zeigt
    so viele unterschiedliche Symbole (Drei-
    eck, Quadrat, Kreis usw.) wie Gruppen
    gebildet werden sollen. Die Teilnehmern
    ordnen sich diesen Symbolen zu.

* Kleingruppenbildung nach Funktion:
  Kriterium der Gruppenbildung ist die Funktion
  oder die hierarchische Position, die jeder
  einnimmt. Bei der Gruppenbildung kann es darum
  gehen, die Gruppen gemischt oder aber homogen
  zusammenzusetzen, je nachdem ob gegenseitige
  Anregung und Auseinandersetzung erfolgen soll
  (spricht für heterogene Gruppen) oder eine
  gemeinsame Position erarbeitet werden soll
  (spricht für homogene Gruppen).

Kleingruppen-
scenario

Mit dem Kleingruppenscenario wird der Gruppe eine
Diskussionsstruktur empfohlen, die es ihnen erleichtern soll, in angemessener Zeit ihr Diskus-
sionsziel zu errreichen.

Ziel des Scenarios ist es

* den Diskussionsprozeß in der Gruppe möglichst
  schnell in Gang zu bringen,

* Widersprüche **und** Gemeinsamkeiten deutlich werden zu lassen (unterschiedliche Auffassungen
   sollen nicht "ausdiskutiert" sondern, mit
   einem Konfliktpfeil (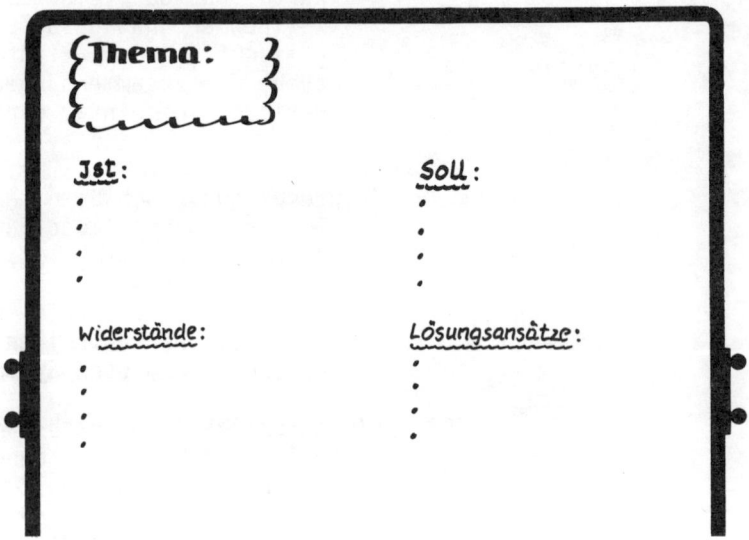) versehen, im Plenum
   diskutiert werden können),

* zu vergleichbaren und zusammenpassenden Ergeb-
   nissen in allen Kleingruppen zu führen,

* durch eine präzise Erläuterung des Scenarios
   die Kooperationsbereitschaft der Teilnehmer zu
   unterstützen.

In den meisten Fällen lehnt sich das Scenario an
folgende Grundstruktur an:

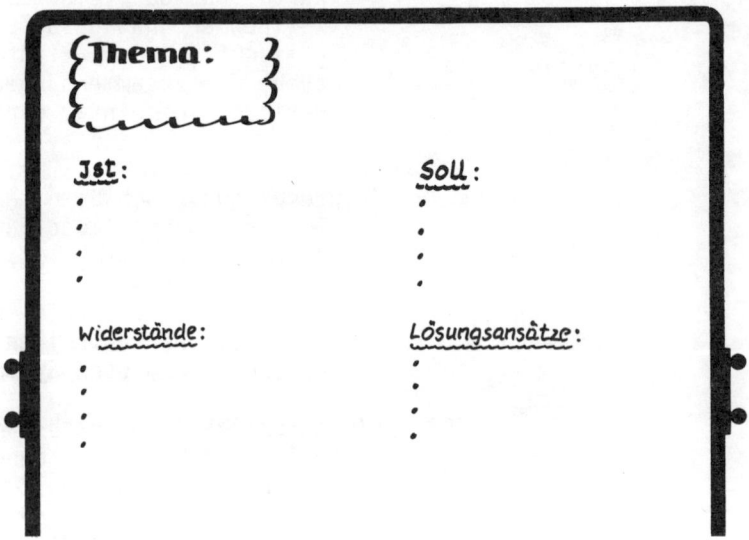

Statt nach Widerständen und Lösungsansätzen zu
fragen, können auch "offene/weiterführende Fragen"
gesammelt werden, "vorhandene Hilfen" oder "erste
Schritte zur Lösung" diskutiert werden.

Die Fragen sollen direkt und persönlich formuliert
sein, sie sollen aber keine inhaltliche Zielsetzung suggerieren. Sie sollen lediglich den Diskussionsprozeß unterstützen.

Im Kapitel 3 sind in allen Abläufen, in denen
Kleingruppenarbeit vorgesehen ist, Beispiele für
die Formulierung von Scenarien enthalten.

Präsentation der Kleingruppenarbeit

Die Kleingruppenergebnisse werden anschließend anhand der Kleingruppenplakate dem Plenum von **zwei** Mitgliedern der Gruppe vorgestellt. Zwei Teilnehmer sind wichtig, damit nicht der Eindruck entsteht, es sei das Ergebnis eines einzelnen, und damit unterschiedliche Auffassungen in der Gruppe auch für das Plenum sichtbar gemacht werden können. In keinem Fall sollen die Ergebnisse von einem Moderator vorgestellt werden, auch dann nicht, wenn er bei der Kleingruppe anwesend gewesen ist.

Da Präsentationen von vielen Kleingruppen besonders für das Plenum sehr anstrengend sind, werden die Präsentatoren gebeten, sich eng an die erstellten Plakate zu halten und möglichst nicht länger als 5 Minuten zu präsentieren.

Zum Schluß der Präsentation stellt der Moderator die Frage, ob damit das Thema abschließend behandelt ist oder ob es weiter bearbeitet werden muß. Ist letzteres der Fall, wird die - nun meist viel konkretere - neue Fragestellung in den Problemspeicher aufgenommen und bei nächster Gelegenheit mit zur Auswahl für die weitere Diskussion gestellt.

Schriftlich diskutieren

Die Plenumsmitglieder schreiben ihre Kommentare, Widersprüche, Ergänzungen usw. auf Karten (dazu eignen sich die ovalen gut, um sie von den Karten, die die Kleingruppe benutzt hat, zu unterscheiden). Sie werden in das Kleingruppenplakat gehängt.

4.3.4 Ergebnisorientierung

Die Akzeptanz einer Moderation hängt weitgehend davon ab, ob es gelingt, zu einem Ergebnis zu kommen. In den seltensten Fällen besteht es allerdings in einer klaren und unverrückbaren Entscheidung. Weit häufiger kommen aus einer Moderation folgende Arten von Ergebnis hraus:

* ein gewichteter, von allen getragenener Problemkatalog

* Arbeitsaufträge an einzelne Personen oder Untergruppen

*   ein abgestimmtes weiteres Vorgehen

*   Erfahrungsaustausch

*   Regeln und Empfehlungen

*   Selbstverpflichtungen

*   geklärte Beziehungen

*   Erreichen von Lernzielen

Erst durch die besseren Möglichkeiten, zu Ergeb-
nissen zu kommen, ist der größere Aufwand, den die
ModerationsMethode gegenüber anderen Verfahren
verlangt, zu rechtfertigen.

Deshalb ist es von besonderer Bedeutung, daß die
Ergebnisse klar formuliert und von den Teilnehmern
auch subjektiv als solche wahrgenommen werden

Tätigkeitskatalog   Das wichtigste Instrument zur Ergebnisorientierung
ist der Tätigkeitskatalog. In ihm sind, so konkret
wie möglich, die Aktivitäten enthalten, die im
Laufe der Moderation angeregt werden und die dazu
dienen, die angesprochenen Probleme zu lösen. Er
kann durch das Sammeln von "Lösungsansätzen" und
"ersten Schritten" in Kleingruppen vorbereitet
werden.

In seiner allgemeinen Form sieht der Tätigkeitskatalog folgendermaßen aus:

Nr. Tätigkeit	wer	mit wem	Zeit	Bemerkung
1				
2				
3				
4				

Beim Erarbeiten des Tätigkeitskatalogs muß auf folgendes geachtet werden:

*   Spalte "Tätigkeiten":
    Die Aktivtäten sollen so konkret, einfach und überschaubar sein, daß ihre Durchführung realistisch ist und leicht von der Gruppe kontrolliert werden kann. So ist die Tätigkeit "Ein Haus in X bauen" zu komplex. Es genügt, in den Tätigkeitskatalog zu schreiben: "Kontakt mit A aufnehmen, um Konzept für Haus in X zu erarbeiten." Aus diesem Konzept ergeben sich dann die weiteren Schritte

*   Spalte "Wer"
    In dieser Spalte können nur Anwesende stehen, denn es ist zwar leicht aber, meistens erfolglos, Tätigkeiten für andere zu erfinden. Findet sich in der Gruppe niemand, der die Kompetenz für eine gewünschte Maßnahme hat, muß sich zumindest ein Anwesender bereiterklären, die "Patenschaft" für die Tätigkeit zu übernehmen, d.h. sie an die Stelle weiterzugeben, die zuständig ist. Findet sich niemand, der die Tätigkeit übernehmen will, wird sie wieder aus dem Katalog gestrichen. Sie ist dann offensichtig nicht so wichtig, daß jemand Energie dafür aufbringen will.

*   Spalte "Mit wem"
    Hier können Anwesende stehen, es können aber auch Personen, Organisationseinheiten oder Institutionen eingetragen werden, die entweder bei der Realisierung helfen können oder als Beteiligte/Betroffene einbezogen werden müssen.

*   Spalte "Bis wann"
    Sie soll eine realistische Zeitschätzung enthalten und nicht weiter als drei Monate in die Zukunft reichen. Wird für eine Tätigkeit mehr Zeitbedarf geschätzt, so ist sie in kleinere Schritte zu zerlegen, die in kürzeren Zeiträumen durchgeführt werden können.

*   Spalte "Bemerkungen"
    Hier können Stichworte zur Art der Durchführung aufgeschrieben werden, es kann hier auch festgehalten werden, an wen das Ergebnis der Aktivität "abgeliefert" werden soll oder wer letztlich darüber zu entscheiden hat.

!! Warnungen !!

* Diese Phase ist häufig die kritischste in der Moderation, weil hier einzelne "Farbe bekennen" müssen, ob sie sich engagieren wollen oder nicht. Sie sollte deshalb in großer Ruhe und ohne starken Druck von Seiten der Moderatoren durchgeführt werden.

* In manchen Moderationen - gerade wenn sie gut gelaufen sind - entsteht zu diesem Zeitpunkt ein hohes Maß an Euphorie. Das kann sich auf die Selbstverpflichtungen, aber auch auf die Zeitschätzungen beziehen. Der Tätigkeitskatalog sollte deshalb später nicht als Drohmittel hervorgeholt werden. Vielmehr ist es ganz normal, daß Tätigkeitskataloge nach einem gewissen Zeitabstand korrigiert werden müssen. Das sollte allerdings die Gruppe, die ihn erstellt hat, **gemeinsam** tun.

* Nicht jede Aktivität muß die einhellige Zustimmung aller Teilnehmer finden. Die Bereitschaft einzelner, sich für eine bestimmte Sache einzusetzen, die daraus erkennbare Energie, sollte nicht unterdrückt werden. Allerdings sollte der Moderator die Gruppe aufmerksam machen, wenn er feststellt, daß einzelne sich mit Aufgaben überhäufen, während sich andere heraushalten.

Selbst-verpflichtung/ Selbstreflexion

Nicht jede Moderation führt zu Gruppenaktivitäten. Insbesondere lernorientierte Moderationen münden eher in Empfehlungen oder Aktivitäten für jeden einzelnen. Ob diese "guten Vorsätze" auch wirklich in den Alltag mitgenommen werden, hängt meist davon ab, daß sie nicht zu umfangreich und nicht zu schwer zu erfüllen sind.

Es empfiehlt sich, solche Selbstverpflichtungs- und Regelkataloge in Einzelarbeit vorzubereiten, in denen der Teilnehmer die Moderation noch einmal an sich vorüberziehen läßt, sich die wichtigsten Erkenntnisse und Erfahrungen notiert und sich **eine**, höchstens **zwei** konkrete, einfache Schritte vornimmt, von denen er realistischer Weise erwarten kann, daß er sie auch einhält.

Je nachdem, wie hoch der Vertrauensgrad in der Gruppe ist, kann über diese Selbstverpflichtungen in einem Schlußblitzlicht gesprochen werden.

4.3.5 Abschluß

Der Abschluß einer Moderation muß nicht dem Finale einer Beethovensymphonie gleichen, die sich mit immer weiteren Steigerungen einem furiosen Ende nähert. Aber sie sollte ein bewußtes und für alle erlebbares Ende haben. Dadurch können Erfolgserlebnisse entstehen über das, was man geschafft hat, es können Ausblicke darauf genommen werden, was noch zu tun ist und es kann wahrgenommen werden, welche Ziele nicht erreicht wurden. Auch - und vielleicht gerade dann - wenn nicht alle Hoffnungen erfüllt wurden, ist es wichtig festzustellen, was erreicht wurde und was nicht.

Das Abschlußerlebnis bezieht sich auf drei Ebenen:

* das inhaltliche, sachliche Ergebnis der Moderation,

* das Reflektieren des Prozesses, durch den das Ergebnis zustande - oder nicht zustande - gekommen ist,

* das Ausdrücken der Gefühle, mit dem die Teilnehmer aus dem Raum gehen.

Je nach Ziel der Moderation kann das Schwergewicht auf eine dieser drei Ebenen gelegt werden.

Inhaltliches
Ergebnis

Nicht nur für den Moderator, auch für die Gruppe ist es wichtig, sich klar zu machen, wie das Ergebnis der Moderation eingeschätzt wird. Es wirft ein Licht auf die Energie, mit der der Tätigkeitskatalog in Angriff genommen wird.

Dafür eignen sich besonders Ein-Punkt-Fragen. Wenn zu Beginn die Frage nach den Erwartungen an diese Moderation gestellt wurde, kann dieses Plakat wieder hervorgeholt werden. Die Teilnehmer kleben dann mit einer anderen Punktfarbe, wie es für sie war. Das ist eine einfache Methode, einen Soll-Ist-Vergleich durchzuführen.

Häufig bietet sich folgende Frage an:

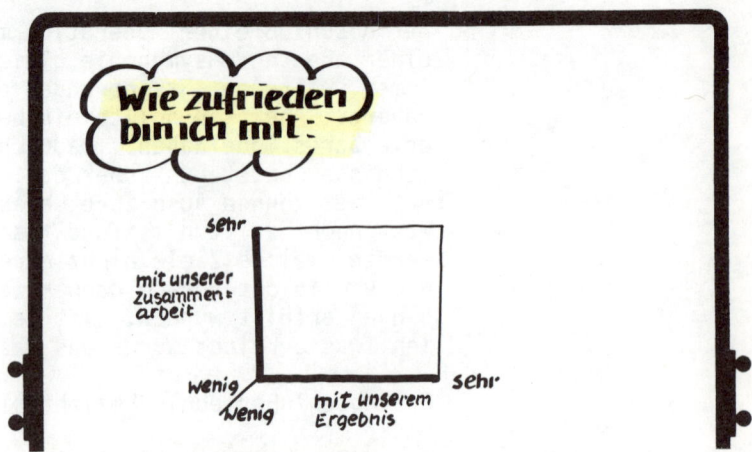

Kommentare werden in Stichworten auf dem Frageplakat mitvisualisiert.

Reflexion des Prozesses

Besonders bei Gruppen, für die die ModerationsMethode neu ist, ist die Frage danach, wie zufrieden sie mit dem Verlauf der Moderation waren, sinnvoll. Der Moderator kann daraus ersehen, ob es dem Wunsch der Gruppe entspricht, in gleicher Weise fortzufahren. Last but not least kann sich die Moderatorin oder der Moderator mit dieser Frage das Erfolgserlebnis verschaffen, das er oder sie nach einer guten Moderation verdient hat. Er sollte aber auch bereit und offen für Kritik sein, die an dieser Stelle auch kommen kann.

In der Form kann diese Frage in gleicher Weise aufbereitet werden wie die obige nach dem inhaltlichen Ergebnis.

Ausdrücken der Gefühle

Wenn der zwischenmenschliche Bereich im Vordergrund der Moderation stand, ist es wichtig, positive und negative Gefühle am Schluß deutlich machen zu können. Die einfachste Form ist das Blitzlicht, das etwa mit folgenden Fragen durchgeführt werden kann:

* Was war mir wichtig

* Was möchte ich der Gruppe noch sagen

* Was nehme ich mit nach Hause/
  Was habe ich mir vorgenommen/
  Mit welchen Gefühlen verlasse ich den Raum.

Feedback-Markt

Eine intensivere Form ist das gegenseitige Feedback, z.B. in Form eines Feedback-Marktes. Dabei kann jeder nacheinander bis zu drei Partner wählen, mit denen er sich in einem Zweiergespräch zu einem Feedback zurückzieht. Aus der vertrauten Stimmung am Ende einer Moderation kann ein sensibleres Feedback entstehen als im Alltag.

!! Warnung !!
Eine Feedback-Phase sollte nur mit solchen Gruppen durchgeführt werden, die Erfahrung auf diesem Gebiet haben und gelernt haben, wie man dem anderen seine Wahrnehmung schildert, ohne ihn zu verletzen und ohne ihm andererseits Banalitäten und Schmeicheleien zu sagen. Auch der Moderator soll Erfahrung mit diesem Instrument haben!

4.3.6 Protokoll

Alle wichtigen Aussagen - Informationen, Diskussionen, Gruppenarbeiten - schlagen sich im Verlauf der Moderation auf Tafeln nieder. Es liegt nahe, diese Unterlagen zum Erstellen des Protokolls zu benutzen. Da ein solches Protokoll im Laufe des Prozesses, sozusagen als "Abfallprodukt" simultan entsteht, nennen wir es "Simultanprotokoll".

Werden die Plakate - was sich empfiehlt - wörtlich ins Protokoll übernommen, so hat das den großen Vorteil, daß das Protokoll authentisch ist, also keiner nachträglichen Genehmigung bedarf. Manipulationen, die so gerne an Protokollen vorgenommen werden, sind damit ausgeschlossen

Allerdings entstehen, vor allem in längeren Moderationen, so viele Plakate, daß das Protokoll zu umfangreich würde. Diese Plakate bestehen vielfach aus Zwischenschritten, die für das endgültige Ergebnis nicht mehr von Bedeutung sind. In diesem Fall empfiehlt es sich, die Plakate gemeinsam mit der Gruppe auszusortieren und auf Grund dieser Unterlagen das Protokoll zu erstellen.

Grundsätzlich gibt es zwei technische Möglichkeiten, das Protokoll zu erstellen:

*   die Plakate können abgeschrieben werden; dabei gibt das handschriftliche Abschreiben, das,

wenn es mit einer sauberen Schrift passiert, ein authentischeres Bild als das Abschreiben mit der Schreibmaschine,

*   die Plakate werden abfotografiert; mit etwas photographischem Geschick und ein bißchen Erfahrung läßt sich das leicht bewerkstelligen. Die Fotos werden auf 18 x 24 cm vergrößert und können dann kopiert werden.

Diese Art von Protokoll ist nur für die Teilnehmer an der Moderation geeignet. Nicht-Teilnehmern vermittelt sie ein für sie nicht verständliches Bild. Falls es notwendig ist, auch andere per Protokoll über die Moderation zu informieren, muß dafür ein eigenes Protokoll aufbereitet werden, das für die Zielgruppe verständlicher ist. Es empfiehlt sich, damit eine Untergruppe aus der Moderation zu beauftragen, deren Tätigkeit im Tätigkeitskatalog aufgeführt ist ("Protokoll erstellen für...")

Auch für Teilnehmer ist es hilfreich, dem Protokoll eine tabellarische Beschreibung des Ablaufs voranzustellen. Das erleichtert das Zurechtfinden im Protokoll.

Präsentation der Ergebnisse

Für eine intensivere Information Außenstehender ist es allerdings sinnvoller, eine Präsentation der Moderationsergebnisse durch Teilnehmer vorzubereiten, für die die Plakate eigens angefertigt werden.

4.4 Vorbereitung einer Moderation

Die Vorbereitung eines Moderationsablaufs wird wesentlich erleichtert, wenn sich die Moderatoren schon vorher folgende Fragen stellen:

1. Wer ist unsere Zielgruppe?

* Woher kommt sie?
* Was tut sie?

2. Wie ist unsere Zielgruppe zusammengesetzt?

* hierarchisch,
* funktional,
* nach Arten der Tätigkeiten,
* nach Interessenlage?

3. Was wollen die einzelnen Teilnehmer?

* Ziele,
* Absichten,
* Erwartungen?

4. Was wissen die Teilnehmer?

* Vorwissen über das Problem,
* Kenntnis der Hintergründe,
* Fachwissen?

5. Welche Konflikte können auftreten?

* persönlich,
* sachlich,
* Intensität?

6. Was kann/soll nach der Moderation passieren?

* Veränderung in der Organsiationsstruktur,
* Energie und Engagement für die Durchführung von Lösungen,
* Verfügt die Gruppe über die notwendige Entscheidungskompetenz (formelle und informelle Durchsetzungschancen)?

7. Welche Rahmenbedingungen stehen schon fest?

* Veranstaltungsort,
* Entscheidungsspielraum der Gruppe
* Entscheidungsspielraum der Moderatoren

8. Wer hat die Moderatoren beauftragt?

* Belastungen und Unterstützungen durch den Auftraggeber
* Interessen des Auftraggebers

9. Welche Erfahrungen haben die Teilnehmer mit der ModerationsMethode

* Sind sie Neulinge?
* Haben sie gute Erfahrungen gemacht?
* Haben sie vorher andere Moderatoren erlebt? Kennen Sie die und kennen Sie ihre Art zu moderieren?
* Sind sie schon übersättigt von Moderation?

4.5 Hilfsmittel der Moderation

Wir geben hier eine Liste der vollständigen Aus-
stattung mit Moderationsmaterial an. In vielen
Fällen werden Sie jedoch improvisieren können oder
müssen. Für diese Fälle geben wir Ihnen in der
rechten Spalte der Materialliste einige Tips.

Materialcheckliste

was	Anzahl	Improvisations- möglichkeiten
Stellwände (Pinwände)	0,5 je Teilnehmer	Papier mit Tesakrepp an die Wand hängen
Packpapier (150x125 cm)	2 je Teilnehmer	Flipchartpapier, Packpapierrollen
Karten (10x21 cm) 4 Farben: weiß, gelb orange, hellgrün Papierqualität 120 g/qm	20 Stück je Teiln.	direkt auf Papier schreiben (s.Zuruffrage), selbst zuschneiden, alte Lochkarten
kreisförmige Scheiben (Kuller) Ø 10 cm 4 Farben (s.o.)	2 je Teilnehmer	weglassen
Überschriftstreifen (15x68 cm), 4 Farben (s.o)	1 pro Farbe	weglassen, Überschrift aus Flip-chartpapier ausschneiden
Filzschreiber (Edding 1) schwarz	1 pro Teilnehmer	ohne geht es nicht
Filzschreiber (Edding 1) rot, blau, grün	2 je Moderator	weglassen
Filzschreiber (Edding 800) schwarz, rot, blau, grün	1 pro Farbe	ohne geht es nicht
Klebestifte (Pritt-Bürogröße)	2 Stück	nur notwendig, wenn mit Karten gearbeitet wird
Selbstklebepunkte Ø 9 mm, rot, grün	20 Punkte je Teiln.	mit Filzschreiber punkten lassen

was	Anzahl	Improvisations-möglichkeiten
Papierschere	1	Papiermesser
Tesakrepp (Breite 30 mm)	1 Rolle	besonders zum Improvisieren notwendig
Markierungsnadeln (6/15 Kopfgröße)	100 Stück	nur wenn mit Stellwänden gearbeitet wird

5. Glossar

Begriffe und Methoden in alphabetischer
Reihenfolge

Abschlußfrage
Schlußaktivität einer Gruppe am Ende einer →
Moderation mit Hilfe derer die Gruppe die Möglichkeit hat, noch einmal den Ablauf des Stands zu
bewerten. Sie besteht meist aus einer → Punktfrage, so daß jeder noch einen "Schlußpunkt" setzen kann. Inhaltlich bezieht sie sie sich entweder
auf den atmosphärischen Ablauf ("Wie mir die Veranstaltung X gefallen hat") oder es wird festge-
stellt, wie zufrieden die Teilnehmer mit dem Ergebnis ihrer Arbeit sind.

Anwärmfrage
Sie hat den Sinn, die Gruppe am Beginn einer
Veranstaltung oder eines Veranstaltungsteils auf-
nahmefähig und kooperationsbereit zu machen. Sie
kann entweder aus einer körperlichen Aktivität,
einer → Vorstellungsrunde, einem Spiel oder
dergleichen bestehen. Sie muß noch keine unmittel-
bare Beziehung zum Thema haben, sondern sie soll
das emotionale Klima in der Gruppe fördern bzw.
durch motorische Aktivitäten Müdigkeitsphasen
überbrücken. (vergl. Vopel, 1981)

Bild (Gruppenbild) malen
Gruppenaktivität, in der eine Gruppe gemeinsam auf
einem → Plakat ein Bild zu einem bestimmten
Thema malt. (Das Thema kann auch von der Gruppe
selbst gewählt werden oder erst im Laufe des Mal-
prozesses entstehen.) Es kann die Regel vorgegeben
werden, daß sich die Gruppenmitglieder nicht mit
Worten verständigen dürfen. Wird häufig benutzt um

* den Gruppenzusammenhang zu stärken
* emotionale Hintergründe eines bestimmten Themas zu verdeutlichen.

Brainstorming
Kreativitätsübung, bei der die Teilnehmer aufgefordert werden, alles laut zuzurufen, was ihnen zu
einer betimmten Fragestellung einfällt. Bei Anwendung im Rahmen der → ModerationsMethode werden
die Zurufe auf einer → Pinwand mitgeschrieben.
Es ist wichtig zu beachten, daß während des Brain-
stormings keine Bewertungen vorgenommen werden,
z.B. gut/schlecht oder passend/unpassend.

Co-Moderator ➡️Moderator

Graffitti(tafel)   Im Raum werden zwei oder drei Tafeln mit ➡️
Plakaten verteilt, auf denen als Überschrift Satz-
anfänge stehen, die zum Ergänzen reizen, z.B. "Am
besten wäre es, wenn hier..." oder "Am meisten
habe ich Angst davor, daß...". Die Übung eignet
sich sowohl als ➡️Anwärmübung wie auch als
Abschlußfrage.

Gruppenspiegel   Auf einem oder mehreren ➡️Plakaten werden so
viele Zeilen gezogen wie Teilnehmer vorhanden
sind. Die Spalten sind überschrieben mit "Name"
und weiteren Informationswünschen für eine ➡️
Vorstellungsrunde, z.B. "Ausbildungsberuf", "Wohn-
ort", "Hobbies" und dergleichen. Beim Ankommen
tragen sich die Teilnehmer in dieses Plakat ein
und beantworten die in den Spalten stehenden Fragen. Zu Beginn der gemeinsamen Arbeit stellt sich
jeder Teilnehmer an Hand seiner Aussagen auf dem
Gruppenspiegel kurz vor. Beispiel siehe Ablauf
"Betriebsratssitzung"

Info-Markt   Veranstaltungsform für Gruppengrößen ab ca. 30
Teilnehmern, in denen in mehreren Gruppen (➡️
Info-Ständen) gleichzeitig gearbeitet wird. Ziel
des Info-Markts ist es, den Teilnehmern eine aktive Verarbeitung von und Auseinandersetzung mit
den angebotenen Informationen in überschaubarer
Gruppengröße zu ermöglichen.

Info-Stand   Teil eines ➡️Info-Markts, der einem bestimmten
Teilthema des Info-Markts gewidmet ist. In dem
Stand werden die Teilnehmer (10 - 20 Personen) mit
den zu diesem Thema wichtigen Informationen vertraut gemacht, und sie haben Gelegenheit, durch
die angebotenen Lernmethoden die Informationen zu
verarbeiten, zu ergänzen und für ihre Zwecke nutz-
bar zu machen. Wenn der Info-Markt in einer einzi-
gen Halle stattfindet, besteht der Info-Stand aus
einer Reihe von ➡️Pinwänden, die für die ➡️
Moderation gebraucht werden und gleichzeitig den
Stand optisch von anderen Ständen abschirmen. Je
nach Organisation des Info-Markts haben die Teilnehmer die Möglichkeit, nacheinander alle Stände
zu besuchen oder einzelne Stände aus dem Gesamtan-
gebot auszuwählen. Üblicherweise werden die Stände
mit Großbuchstaben bezeichnet, um die Orientierung
zu erleichtern.

Kartenfrage	Auf einer von mindestens zwei ⟶ Pinwänden, die mit Packpapier bespannt sind, steht deutlich und für alle lesbar eine Frage, z.B. "Worüber sollten wir hier sprechen?" Die Teilnehmer antworten, indem sie ihre Aussagen auf Moderationskarten (⟶ Moderationsmaterial) schreiben, und zwar jede Aussage stichwortartig auf eine eigene Karte. Die Karten werden von den ⟶ Moderatoren eingesammelt, nacheinander laut vorgelesen und mit der Gruppe gemeinsam zu "Klumpen", d.h. nach zusammenhängenden Aussagekomplexen, sortiert. Die Begriffe, die die jeweiligen Aussagekomplexe charakterisieren, können anschließend auf einen ⟶ Problemspeicher übertragen und mit Hilfe einer ⟶ Punktfrage mit mehreren Punkten bewertet werden.
Kleingruppen	Aufgliedern eines ⟶ Plenums in arbeitsfähige Teilgruppen. Eine Kleingruppe soll zwischen drei und fünf Personen stark sein. Bei Anwendung der ⟶ ModerationsMethode stehen jeder Kleingruppe ein bis zwei ⟶ Pinwände zur Verfügung, auf denen die Arbeitsergebnisse festgehalten werden. Üblicherweise bekommt die Kleingruppe ein ⟶ Scenario, das ihr das Gespräch erleichtert. Die Ergebnisse werden anschließend im Plenum, möglichst von zwei Teilnehmern vorgetragen.
Kleingruppenbildung	Zur Zusammenstellung von Kleingruppen gibt es verschiedene Verfahren:

* themenorientiert: bei unterschiedlichen Themen für Kleingruppen wählt jeder Teilnehmer, welches Thema er bearbeiten möchte. Bei mehr als fünf Interessenten an einem Thema werden mehrere Kleingruppen zum selben Thema gebildet.

* nach dem Zufall: losen, abzählen, ⟶ Puzzle

* nach Funktion: z.B. nach Aufgaben, Herkunftsbereich, hierarchischer Stellung oder vergleichbaren Kriterien.

* nach Sympathie: z.B. durch Augenkontakt, Bekanntheitsgrad untereinander, gänzlich freigestellte Gruppenbildung oder anderen emotional wirkenden Kriterien.

Klumpen	Sortieren der Karten nach einer ⟶ Kartenfrage gemeinsam mit der Gruppe

Kreisgespräch	Gesprächsform, die sich eng an das "Themenzentrierte Gespräch" nach Ruth Cohn anlehnt. In ➔ Moderationen wird es vor allem dann angewendet, wenn nicht das sachliche Problem sondern die Beziehungen der Teilnehmer untereinander und ihre Gefühle eine Rolle spielen.
Kuller	Runde Scheibe aus dickerem Papier in den Farben weiß, gelb, hellgrün und orange. Große Kuller (Ø 20 cm) werden zum Hervorheben von Aussagen bei einer Visualisierung benutzt. Kleine Kuller (Ø 10 cm) werden darüber hinaus bei der themenorienierten Zuwahl zu Kleingruppen (➔Kleingruppenbildung) verwendet
KurzModeration	➔ Moderation von maximal einem halben Tag Dauer
Mitvisualisieren	Mitschreiben von Aussagen auf einem ➔ Plakat
Moderation	Art und Weise der Diskussion in Gruppen, bei der es darum geht, alle Teilnehmer möglichst aktiv und zielorientiert zu beteiligen. Spezielle Methode dafür ➔ ModerationsMethode.
Moderationsablauf	"Drehbuch" einer Moderation, das von den ➔ Moderatoren vorab erstellt wird. Es enthält die einzelnen Moderationsschritte, den Zeitbedarf für jeden Schritt und die angewendete Moderationstechnik.
Moderationsmaterial	Spezielles Material, daß für die Anwendung der ModerationsMethode gebraucht wird. Eine Zusammenstellung nach Art und Menge findet sich im Abschnitt 4.5. Vor allem bei ➔ KurzModerationen kann hier aber auch improvisiert werden, solange das Ziel (lesbare Visualisierung für alle und Beteiligungsmöglichkeit aller) erreicht wird.
ModerationsMethode	System von Techniken und Einzelmethoden zur Durchführung von ➔ Moderationen und ➔Info-Märkten. Wichtigste Elemente sind: * ➔Visualisierung * Gruppenfragetechnik * Wechsel von ➔Plenum und ➔Kleingruppe
Moderationstafel	➔ Pinwand
Moderator	Diskussionshelfer, der eine Gruppenarbeit mit Hilfe der ➔ModerationsMethode durchführt. Seine

160

Aufgabe besteht darin, der Gruppe durch ein geeignetes Methodenangebot zu einem Ergebnis zu verhelfen. Er steuert deshalb den Prozeß nur methodisch, läßt aber der Gruppe inhaltlich freie Entscheidung. Eine Moderation wird möglichst von zwei gleichberechtigten Moderatoren (Co-Moderator) durchgeführt, von denen der eine inhaltlich Experte sein kann aber nicht sein muß.

Namensschild   Namenskennzeichnung der Teilnehmer. Der Name soll so groß geschrieben sein, daß er aus 5 m Entfernung noch gelesen werden kann. Dazu eignet sich ein 3 cm breiter Tesakreppstreifen, auf den der Name mit Filzstift (z.B. Edding 1) geschrieben wird. Das Namensschild kann mit zusätzlichen Symbolen versehen sein, durch die z.B. die Gruppenzugehörigkeit gekennzeichnet wird.

Paarinterview   Übung zum gegenseitigen Kennenlernen oder zum Klären von emotional besetzten Problemen. Dazu finden sich zwei Partner zusammen, die sich gegenseitig über vorher festgelegte Fragen(komplexe) interviewen. Die Fragen können entweder von den ➤ Moderatoren vorgegeben sein oder von der Gesamtgruppe vorher erarbeitet werden. Anschließend stellen sich die Partner im Plenum entweder gegenseitig oder jeder sich selbst mit den im Paarinterview erarbeiteten Antworten vor.

Pinwand   Spezialstelltafel für die ➤ ModerationsMethode. Sie besteht aus beschichtetem Hartschaum mit Leichtmetallrahmen (Größe ca 150 x 125 cm). Sie eignet sich zum Anheften von Plakaten und Moderationskarten. Bei einer Moderation sind immer alle Tafeln mit Packpapier behängt, um auch spontan auf die Tafeln schreiben und Moderationskarten festkleben zu können. Die Pinwand ist freistehend und kann von beiden Seiten benutzt werden. Sie eignet sich auch als Raumteiler, um ➤ Kleingruppen oder Info-Ständ voneinander optisch abzuschirmen.

Plakat   Packpapier von der Größe 150 x 125 cm für die ➤ Visualisierung von Informationen, die in einer Gruppe vorgestellt werden sollen, oder für ➤ Plenum und ➤ Kleingruppen, um Diskusionsbeiträge und Arbeitsergebnisse festzuhalten. Eignet sich auch für alle Arten von Spielen und Basteleien. Das Plakat ist im wahrsten Sinne Grundlage aller ➤ Moderation Anfang.

Plakatwand	➡ Pinwand
Plenum	Die Gesamtheit der Teilnehmer einer ➡ Moderation oder eines ➡ Info-Stands.
Problemspeicher	eine Liste in Form eines ➡ Plakats, auf der Probleme, Themen, Wünsche usw. gesammelt werden. Meistens geht eine ➡ Kartenfrage voraus, deren ➡ Klumpen als Themen in den Problemspeicher aufgenommen werden. Der Problemspeicher enthält eine Spalte für Themen, eine für die Bewertung (➡ Punktfrage) und eine für die Rangreihe, die sich aus der Bewertung ergibt.
Punktfrage	Eine Methode, bei der eine Frage von jedem Teilnehmer mit Hilfe eines oder mehrerer Selbbstklebepunkte auf einem ➡ Plakat beantwortet werden kann.

1. Fragen, die mit einem Punkt auf einer Skala oder in einem Koordinatenfeld beantwortet werden

2. Fragen, die mit mehreren Punkten beantwortet werden: Sie dienen dazu, eine Auswahl unter mehreren Alternativen herbeizuführen. In der Regel bekommt jeder Teilnehmer eine Anzahl von Selbstklebepunkten, die etwa der Hälfte der auszuwählenden Alternativen entspricht. Der Teilnehmer kann die Punkte auf die Alternativen verteilen, er kann aber auch mehrere Punkte für eine Alternative vergeben ("häufeln").

Puzzle	Methode der ➡ Kleingruppenbildung nach dem Zufallsprinzip. Dazu werden so viele Moderationskarten, wie es Kleingruppen geben soll, jeweils in so viele Teile zerschnitten, wie die Kleingruppen Teilnehmer haben sollen. Die Karten werden in Puzzleform zerschnitten. Dabei ist darauf zu achten, daß die Gesamtzahl der Puzzleteile genau mit der Teilnehmerzahl übereinstimmt. Die Puzzleteile werden gemischt und an die Teilnehmer verteilt. Die Teilnehmer versuchen, sie wieder zusammenzusetzen. Die Besitzer zusammenhängender Teile bilden eine Kleingruppe.
Scenario	Vorgabe von Fragestellungen für die Arbeit in ➡ Kleingruppen.

schriftlich
diskutieren

Diskussionsteilnehmer schreiben ihre Diskussionsbeiträge stichwortartig auf Karten, die an eine
→ Pinwand gehängt und ggf. sortiert (→ Klumpen) werden. Wird besonders bei der Diskussion von
Kleingruppenergebnissen verwendet.

Simultanprotokoll

Ein Protokoll, das aus abfotografierten → Plakaten besteht, die für eine oder in einer → Moderation entstanden sind. Dabei werden die (wichtigsten) Fotos auf 18 x 24 cm vergrößert, fotokopiert
und an alle Teilnehmer verteilt.

Stand

→ Infostand

Standrunde

Zeiteinheit, in der meherere → Info-Stände parallel durchgeführt werden. Bei der Konzeption
eines Standes (→ Moderationsablauf) muß darauf
geachtet werden, daß alle Stände ungefähr die
gleiche Zeit benötigen, damit ein reibungsloser
Wechsel von Stand zu Stand möglich ist.

Steckbrief

Methode zum → Anwärmen und Kennenlernen: Jeder
Standteilnehmer schreibt auf ein → Plakat Informationen über sich selbst, mit denen er sich im
Standplenum vorstellt. Die Fragen sind auf einem
Leitplakat vorgegeben. Bei den Fragen soll darauf
geachtet werden, daß sie sowohl sachliche als auch
persönliche Informationen erlauben.

Themenspeicher = → Problemspeicher

Vorstellungsrunde

Wenn eine Gruppe neu zusammen kommt, sollte ihr
immer Gelegenheit gegeben werden, sich gegenseitig
vorzustellen. Um die Langeweile der üblichen Vorstellungen ("Ich heiße ... und komme aus ...") zu
entgehen, empfiehlt es sich, unterschiedliche
Methoden des Kennenlernens anzuwenden. (Vergl. →
Gruppenspiegel, → Paarinterview, → Steckbrief)

6. Literaturverzeichnis

Dieses Buch ist keine Dissertation, sondern es ist für die praktische Anwendung gedacht. Folglich beansprucht das Literaturverzeichnis auch keine Vollständigkeit. Es gibt Auskunft über einige Bücher, die uns beeinflußt haben sowie über Literatur, die zum weiteren Anwenden, Ergänzen und Variieren der ModerationsMethode anregen soll.

ModerationsMethode

Karin Klebert, Einhard Schrader, Walter G.Straub, ModerationsMethode, 2.erw. Auflage, 1984

Helga Cloyd, Karin Schrader-Klebert, Karl Schleiermacher, Eberhard Schnelle, Gesprächstechnik für Gruppen, Metaplanreihe 2, 1973

Visualisierung

Einhard Schrader, Walter G.Straub, Darstellungstechniken und Technik der Auswahl und Verdichtung von Informationen, in RKW-Handbuch "Führungstechnik und Organisation" 2322, Berlin 1978

Einhard Schrader, Joachim Biehne, Auswählen - Verdichten - Gestalten, Ein Lernprogramm zur optimalen Gestaltung von Informationen, Essen 1984

Telse Schnelle-Cölln, Visualisierung, Metaplanreihe 6

Anwendung der ModerationsMethode

Einhard Schrader (Hrsg.), Die ersten Tage im Betrieb, Einführungsveranstaltungen für Auszubildende in Industrie, Versicherung und Verwaltung, Essen 1984

Marianne Riegger, Lernstatt erlebt, Praktische Erfahrungen mit Gruppeninitiativen am Arbeitsplatz, Essen 1983

Andere Methoden

Ruth Cohn, Von der Psychoanalyse zur Themenzentrierten Interaktion, Stuttgart 1975

Lutz Schwäbisch, Werner Siems, Anleitung zum sozialen Lernen für Paare, Gruppen und Erzieher, rororo 6846, Reinbek 1974

Joachim Dierichs, Berthold Helmes, Einhard Schrader, Walter G. Straub, Workbook, 4. erw. Aufl.,Hamburg 1984

Klaus Vopel, Interaktionsspiele, 8 Bände, Hamburg 1978

Weber, Hermann, Arbeitskatalog der Übungen und Spiele, Essen 1981

Lernen und Lehren   Einhard Schrader, Arnulf Gottschall, Thomas Runge, Der Trainer in der Erwachsenenbildung - Rolle, Aufgaben, Verhalten, München 1984

Frederic Vester, Denken, Lernen, Vergessen, Stuttgart 1975

Organisation   Siemens, Organisationsplanung, Planung durch Kooperation, 6. Aufl. 1984

Diese Bücher qualifizieren Trainer und Seminarleiter

Einhard Schrader (Hrsg.)
DIE ERSTEN TAGE IM BERTIEB
Einführungsveranstaltung für Auszubildende.
Fallbeispiele aus Industrie, Verwaltung, Handel
Überarb. und erw. Neuaufl., ca. 200 S., zahlr. Abb., ca. 40–DM, 295.–öS, 38.– sFr
ISBN 3-922789-70-6

Rolf Rüttinger,
Reinhold Kruppa
ÜBUNGEN ZUR TRANSAKTIONSANALYSE
Praxis der Transaktionsanalyse in Beruf und Organisationen
Mit über 250 Übungen zur TA
166 Seiten,
39.– DM, 285.– öS, 36.– sFr
ISBN 3-922789-29-3

Doris Röschmann
111 x SPASS AM ABEND
Heitere Spiele zur Auflockerung von Teilnehmern in Seminaren, Kursen und Freizeiten
Überarbeitete Neuauflage, 169 Seiten, zahlr. Abb., 28.– DM, 204.– öS, 26.– sFr
ISBN 3-922789-72-2

Karl Köhl
SEMINAR FÜR TRAINER
Das Situative
Lehrtraining.
Trainer lernen lehren
Überarb. Neuauflage, 175 Seiten, geb., 42.– DM, 307.– öS, 39.– sFr
ISBN 3-922789-60-9

Hermann Weber (Hrsg.)
LITERATUR
FÜR DIE AUS - UND
WEITERBILDUNG
IN ORGANISATIONEN
Wichtige Fachbücher für Management, Training und Weiterbildung.
Mit Kurzrezensionen
5. Ausgabe,
338 Seiten, TB,
16.80DM, 123.–öS, 16.80 sFr
ISBN 3-922789-69-2

O. G. Wack, G. Detlinger,
H. Grothoff
KREATIV SEIN KANN
JEDER
Kreativitätstechniken für Leiter von Projektgruppen, Arbeitsteams, Workshops und Seminaren. Ein Handbuch zum Problemlösen.
Überarbeitete Neuauflage, 159 Seiten, zahlr. Abb., geb., 48.– DM, 350.– öS, 44.50 sFr
ISBN 3-922789-42-0

J. Dierichs, B. Helmes,
E. Schrader, W.G. Straub
WORKBOOK
Ein Methoden-Angebot als Anleitung zum aktiven Gestalten von Lern- und Arbeitsprozessen in Gruppen
520 Seiten, 4 Ringmechaniken, extra geb. Leitfaden, attraktiver Kunststoffordner,
198.– DM, 1445.– öS, 176.– sFr
ISBN 3-922789-12-9

Band 1
Hermann Weber
Doris Röschmann
ARBEITSKATALOG DER
ÜBUNGEN UND SPIELE
Ein Verzeichnis von über 800 Gruppenübungen und Rollenspielen
852 Seiten, geb., mit ausklappbarem Faltblatt, 98.– DM, 715.– öS, 89.– sFr
ISBN 3-922789-65-X

Band 2
Doris Röschmann
ARBEITSKATALOG DER
ÜBUNGEN UND SPIELE
Ein Verzeichnis von 500 Gruppenübungen und Rollenspielen
Hrsg. Hermann Weber
ca. 625 Seiten, geb., ca. 68.–DM, 486.–öS, 62.–sFr
ISBN 3-922789-67-6

I. Brenner, H. Clausing,
M. Kura, B. Schulz,
H. Weber
DAS PÄDAGOGISCHE ROLLENSPIEL IN DER BETRIEBLICHEN PRAXIS
Konflikte bearbeiten
386 S., zahlr. Abb., geb., 59.– DM, 431.– öS, 53.50 sFr
ISBN 3-922789-59-5

Dave Francis, Don Young
MEHR ERFOLG IM TEAM
Ein Trainingsprogramm mit 46 Übungen zur Verbesserung der Leistungsfähigkeiten in Arbeitsgruppen
275 S., zahlr. Abb., Checklisten und Tabellen, geb., 68.– DM, 496.– öS, 62.– sFr
ISBN 3-922789-64-1

Klaus Lumma
DIE TEAMFIBEL
oder das Einmaleins der Gruppenqualifizierung im sozialen und betrieblichen Bereich.
215 S., zahlr. Abb., Tafeln, Checklisten, Übungen und Arbeitsblätter, geb., 68.– DM, 496.– öS, 62.– sFr
ISBN 3-922789-54-4

Klaus Lumma
STRATEGIEN DER KONFLIKTLÖSUNG
Betriebliches Verhaltenstraining in Theorie und Praxis.
Mit 4 Seminarbeispielen
301 Seiten, geb., 59.– DM, 431.– öS, 53.50 sFr
ISBN 3-922789-27-7

Windmühle GmbH Verlag und Vertrieb von Medien · Postfach 551080 · 22570 Hamburg · Tel 040-86 83 07 · Fax 040-86 63 123

Mit Moderation läuft alles besser...

Manager, Personalentwickler, Berater, Trainer, Projekt- und Teamleiter setzen diese Erkenntnis schon lange um. Die Moderationsmethode ist aus dem modernen Wirtschaftsleben, der Lehre, der Gruppenarbeit einfach nicht mehr wegzudenken. Pinnwände stehen in nahezu allen Unternehmen, Universitäten oder Schulen. Alle schätzen die schnellen Arbeitsergebnisse, die Dynamik von Lernprozessen, die Identifikation der Beteiligten mit den Themen.

Wer die Moderationsmethode lernen will, findet hier die richtigen Konzepte und Lösungsansätze. Denn unsere Autoren sind die Erfinder – sie vermitteln Wissen aus erster Hand!

In der Reihe Moderation in der Praxis werden veröffentlicht:

Praxisbeispiele für neue Anwendungsfelder sowie methodische und didaktische Grundlagen oder Weiterentwicklungen. Zielsetzung der Reihe ist die Kompetenzerweiterung von Moderatoren, die Prozesse erfolgreich gestalten wollen. Herausgeber der Reihe ist Einhard Schrader.

Band 1
Peter Nissen,
Uwe Iden
KURSKORREKTUR SCHULE
Ein Handbuch zur Einführung der Moderationsmethode im System Schule für die Verbesserung der Kommunikation und des Miteinander-Lernens.
Mit 15 Fallbeispielen zur aktiven Gestaltung von Unterricht, Konferenzen und Elternarbeit
220 Seiten, zahlr. Abb.,
39.80 DM, 291.– öS, 37.– sFr
ISBN 3-922789-43-9

Band 5
Telse Schnelle-Cölln,
Eberhard Schnelle
VISUALISIEREN IN DER MODERATION
Eine praktische Anleitung für Gruppenarbeit und Präsentation
96 Seiten, zahlr. Abb., 4-farb.,
48.– DM, 350.– öS, 44.50 sFr
ISBN 3-922789-50-1

In Vorbereitung:

Band 3
Joachim Freimuth
MODERATION IN DER HOCHSCHULDIDAKTIK
Mit zahlreichen Fallbeispielen aus Forschung, Lehre und Hochschulverwaltung
ca. 150 S., zahlr. Abb.,
ca. 48.–DM, 350.–öS, 44.80 sFr
ISBN 3-922789-62-5

Band 4
Daniela Mayrshofer,
Hubertus Kröger
PROZESSKOMPETENZ IN DER PROJEKTARBEIT
Ein Handbuch für Moderatoren, Projekt- und Teamleiter. Mit Moderationsbeispielen aus Verwaltung und Industrie.
ca. 250 Seiten, zahlr. Abb.,
ca. 48.–DM, 350.–öS, 44.80sFr
ISBN 3-922789-68-4

Das Grundlagenwerk, als Seminar konzipiert:

K. Klebert, E. Schrader,
W.G. Straub
MODERATIONSMETHODE
Gestaltung der Meinungs- und Willensbildung in Gruppen, die miteinander lernen und leben, arbeiten und spielen
Ringbuch (Kst.)
26 x 25 x 4cm, extra geb.
Leitfaden, zahlr. Abb.,
195.–DM, 1424.–öS, 174.–sFr
ISBN 3-922789-18-8

Die Beispiele von Moderationsabläufen aus dem Arbeitsalltag:

K. Klebert, E. Schrader,
W.G. Straub
KURZMODERATION
Anwendung der ModerationsMethode in Betrieb, Schule, Kirche und Politik, Sozialbereich und Familie, bei Besprechungen und Präsentationen.
166 Seiten, zahlr. Abb.,
38.– DM, 277.– öS, 35.– sFr
ISBN 3-922789-23-4

Band 2
Alexander Redlich
KONFLIKTMODERATION
Handlungsstrategien für alle, die mit Gruppen arbeiten.
Mit vier Fallbeispielen
unveränderte Neuauflage,
213 Seiten, zahlr. Abb.,
42.– DM, 307.– öS, 39.– sFr
ISBN 3-922789-63-3

Windmühle GmbH Verlag und Vertrieb von Medien · Postfach 551080 · 22570 Hamburg · Tel 040-86 83 07 · Fax 040-86 63 123